说话的艺术系列

绝对成交

珍藏版
COLLECTOR'S
EDITION

攻心术

你所谓的开不了口，只是在不断自我妥协

林有田◎著

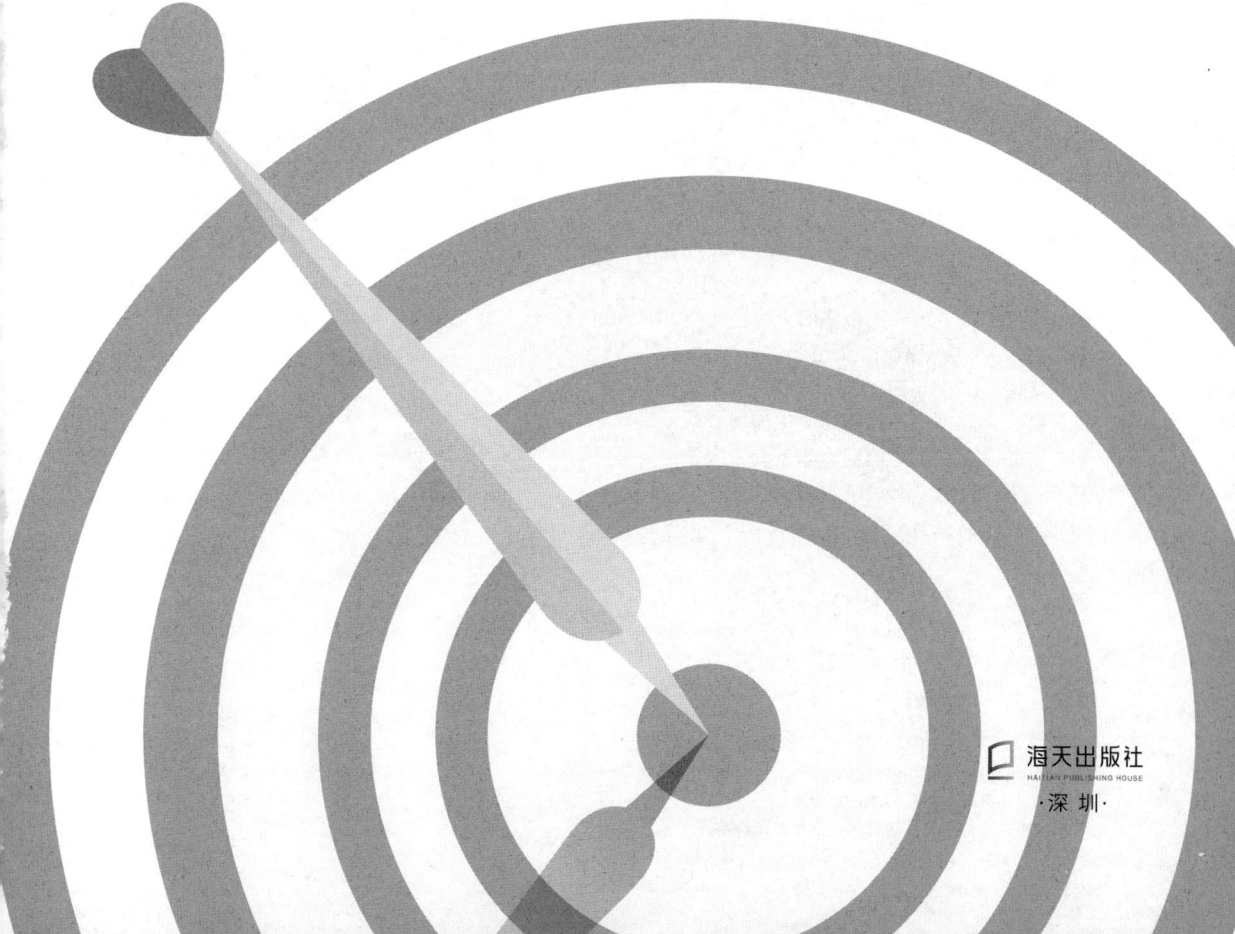

海天出版社
HAITIAN PUBLISHING HOUSE
·深圳·

图书在版编目（CIP）数据

绝对成交攻心术：你所谓的开不了口，只是在不断
自我妥协：珍藏版 / 林有田著 . — 深圳：海天出版社，
2022.11

（说话的艺术系列）

ISBN 978-7-5507-3597-2

Ⅰ . ①绝… Ⅱ . ①林… Ⅲ . ①心理交往－通俗读物
Ⅳ . ① C912.11-49

中国版本图书馆 CIP 数据核字 (2022) 第 146892 号

绝对成交攻心术：你所谓的开不了口，只是在不断自我妥协（珍藏版）
JUEDUI CHENGJIAO GONGXINSHU: NI SUOWEI DE KAIBULIAOKOU, ZHISHI ZAI BUDUAN ZIWO TUOXIE（ZHENCANG BAN）

出 品 人	聂雄前
责任编辑	南　芳　朱丽伟
责任校对	万妮霞
责任技编	郑　欢
装帧设计	知行格致

出版发行　海天出版社
地　　址　深圳市彩田南路海天综合大厦　（518033）
网　　址　www.htph.com.cn
订购电话　0755-83460239（邮购、团购）
设计制作　深圳市知行格致文化传播有限公司
印　　刷　深圳市华信图文印务有限公司
开　　本　787mm×1092mm 1/16
印　　张　15.75
字　　数　152 千字
版　　次　2022 年 11 月第 1 版
印　　次　2022 年 11 月第 1 次
印　　数　1—4000 册
定　　价　49.80 元

永远敬畏语言的力量

成交的一切都是为了爱！如果你爱他，就去成交他！

当你把真心交出去，把真情付出去的时候，你也一定可以影响很多人，带动很多人！

一生只做一件事！

在一个行业一般你五年可以成为专家，十年成为权威，十五年成为世界顶尖！

一生只挖一口井，不要去挖很多没有用的坑！

…………

这些是世界销售之神乔·吉拉德过去在给中国企业家们

演讲时多次提到的、充满能量的话语，至今仍有振奋人心的力量！

过去十多年，由我主导并创办的世界大师中国行平台多次邀请了世界上最伟大的销售员乔·吉拉德来到中国，向上万名企业精英分享成为"世界销售冠军"的秘诀，引发了市场和学员的热烈反响，迅速引爆旋风式的影响力。多次交流互动下，我有幸与大师乔·吉拉德形成了亦师亦友的关系，多年来一直将其精华思想融入谈判事业中，积极传播和开拓。

恰逢中国台湾权威培训专家林有田博士同样万分推崇大师乔·吉拉德的销售理念、成交之道，精心整理了大师乔·吉拉德一生的销售秘诀和精华，并且把精华本土化、演绎化、实践化，致力给各行各业的精英们提供一套实用的销售指导工具，也给更多没有机会亲临大师课堂的学员们多一次学习的机会，现特邀我为其大作再版作序，便欣然应允！

先来回答一个问题：如何把一个最普通的鸡蛋卖出天价？并且销售对象还是国王！

这一听就是一个艰难的挑战，是什么原因能让国王甘愿成为冤大头？

我们一起来看一个故事：

18世纪中，英国国王乔治三世去郊外打猎，中午的时候有些饿了，就在附近找了一家饭店，要了两个鸡蛋充饥。

吃完鸡蛋结账时，老板送来账单，乔治三世一看勃然大怒："两个鸡蛋就要两英镑，你们这里的鸡蛋是稀有品吗？"

老板毕恭毕敬地回答说："不，国王陛下，鸡蛋在这里并不稀有，国王才稀有，鸡蛋的价格必须和您国王的身份相匹配才行。"

乔治三世听了哈哈大笑，不仅没有怪罪老板，反而非常爽快地付了账。

这其中运用了什么样的神奇力量？

没错，就是赞美，水到渠成的赞美拥有无穷的力量，无论是在销售中，还是在谈判中，就像林有田博士在书中强调的——拥有一流的赞美能力就等于拥有高人一等的谋生技巧。

生活无处不谈判，销售中更是如此，每一次销售都是一次完美的谈判。在林有田博士的书中可以看到，黄金销售法则的底层逻辑与我十多年来一直潜心研究和推动的谈判逻辑如出一辙：

●黄金报价法则——报价时要留给客户还价的空间，其实就是谈判中的狮子口平常心，并且要给客户制造赢的感觉；

●黄金议价法则——把客户的焦点引导到优质的服务和高质量的产品上来，其实就是有效发挥谈判中不等价交易的力量；

●**最终成交法则**——先倾听客户，关注和解决客户的需求，其实就是我一直倡导的思利及人法则——思利及人利更多；

●**事先准备法则**——知己知彼，才能有效说服客户买单，其实就是谈判中的"准备谈判就是谈判"原理，准备是成功的一半。

在本书中，林有田博士不仅通过吸收整理乔·吉拉德的思想精华，提出了30条销售的底层逻辑，更是紧密结合自己的亲身经历，加上身边朋友家人的案例、古往今来的经典案例，简洁明了、生动有趣地向我们传授了如何通过攻心而一步步成交。

大多数人或许认为，销售是一门需要花言巧语的工作，而林有田博士却告诉你——从长远来看，没有任何销售技巧可以代替诚实的地位，诚实才是赢得客户信任最大的因素；同时，要打破内心对自己的怯懦和妥协，只要走出来你就赢了！

所谓攻心，不仅要攻破客户的心，更要攻破自己的心。

在这里真诚地向大家推荐这本书，关键的不仅是说话的内容，还有说话的方式，无论是销售还是谈判，说话是一种艺术，永远需要敬畏语言的力量！敢说，你已经突破了自我；会说，你才能绝对成交！

广东省东方谈判发展研究院院长

畅销书《谈判兵法》《首席谈判官》作者

武向阳

推荐序二
RECOMMENDATION 2

致敬乔·吉拉德成交的秘诀

20世纪90年代，在我刚刚步入社会的时候，职场的成功人士都告诉我，做好销售工作是致富的基本功，从此我下定决心一定要成为销售高手。

当年的我一穷二白，但还是把大部分生活费用在买书上面。一天，我在书店买到了一本商业杂志，封面人物就是世界上最伟大的推销员——乔·吉拉德，杂志上提到他即将来台湾演讲，但当时迫切希望学到成功秘诀的我，却穷得连他演讲会的门票都买不起。

于是，我买了一本乔·吉拉德的书回家日夜苦读，渴望复制他的成功。从此，几乎每天早晚我都反复背诵乔·吉拉德的销售秘诀，在持续了几年之后，2000年，25岁的我在北京创业成功，月收入超过七位数人民币。

2005 年，我专程买机票飞去听乔·吉拉德的演讲，他的演讲让我的内心震撼无比；2008 年，我出版了自己的营销代表作；2014 年，乔·吉拉德为我的代表作写下了推荐文章；2016 年，我在中国台湾和大陆举办了与乔·吉拉德同台的万人演讲会，此后他"封麦"告别舞台。这就是我和乔·吉拉德之间结下的缘分。

近日获悉，二十多年前我就崇拜的行销导师林有田先生要再版《绝对成交攻心术》一书，在得知自己受邀为该书撰写推荐序的第一时间，我的内心激动不已。因为林有田先生的书籍与演讲曾经伴随着我的青涩成长时光，今日能受到他的肯定，是我莫大的荣幸，感谢林老师。

《绝对成交攻心术》再次传承了世界上最伟大的推销员乔·吉拉德的销售秘诀，对我来说是与乔·吉拉德之间非常有意义的再一次交集，我乐于为读者及林老师贡献自己的一点学习心得。

所有销售流程都必须经过售前接触、售中成交、售后服务、转介绍裂变这四大阶段。乔·吉拉德在开发客户、成交动作、售后服务、要求转介绍等方面，在 20 世纪没有互联网的时代里都做得几乎无与伦比，即使在今日科技发达的互联网时代，我们也需要拥有他的思维方式，并灵活应用在我们的工作中，他的销售秘诀在今时今日线下销售活动中如果能够成功复制并使用，依然能让我们成为行业翘楚。这就是乔·吉拉德的伟大之处，他的成交经验经得起时间的考验。

而这一切成功的秘诀，在此书中通通都有涉及，林老师将毫无保留地和大家分享心得体会，同时附上多年实践经验中的成交案例，让读者朋友们更加轻松获取各项成交的技术。

乔·吉拉德研究院中国区创始人

畅销书《赚钱机器》《无敌谈判》作者

杜云生

向乔·吉拉德学习吉尼斯世界纪录的销售术

　　乔·吉拉德是全世界最伟大的业务员，也是全球最受欢迎的演讲大师之一，拥有五项吉尼斯世界纪录，且该纪录至今无人能破。乔·吉拉德曾向许多世界500强企业的精英传授他的宝贵经验，是所有创业者和做业务工作者的导师。

　　我于1997年和2005年在台湾听过乔·吉拉德的演讲，2008年在上海复旦大学第三次听乔·吉拉德的演讲，虽然门票很贵，但场场都爆满，原因很简单，因为大家都想目睹世界推销大王的真面目和风采，同时要向他学习"如何成为超级业务员的技术"。

　　为何乔·吉拉德的演讲这么受欢迎？因为一般的演讲者大约花80%的时间和精力说理论、举案例、讲笑话，只有15%

的时间用于教授窍门、方法、技术，只花 5% 的时间激励学员，根本没有实践。

乔·吉拉德则反其道而行之，用 80% 的时间阐释可以快速成交的方法和技术，他会示范如何完成每一项交易，正是这些技巧让他缔造了惊人的销售纪录，花 10% 的时间激励学员，保留 10% 的时间和精力，让学员可以针对演讲主题双向演练和操作，互动学习效果特别好。所以报名来听演讲的人非常多。

他的演讲费用天价，门票贵得吓人，但值得买票去听。如果你想向乔·吉拉德学习，除了亲身去听演讲之外，还有更省钱的方法，那就是去看他的书。如果英文能力不强，可以看一看我花了两年的时间，从他的著作、演讲内容中提炼出来的精华。我加以演绎化、东方化、本土化、实践化，配合我 20 年成功实战的案例和获得的教训，整理出来的 30 条销售必胜的金科玉律，可以帮你省掉很多钞票和摸索的时间，让你马上学会乔·吉拉德的方法，创造你自己的纪录。

这些金科玉律没大教条，简单易懂，可以协助任何有销售业务的产业公司销售人员学习和培训。

据悉，乔·吉拉德生长在贫民区，没有显赫的学历，因为每天努力工作，在残酷的销售战场中，领悟出独特的一出手就成交之道。他称自己的销售系统为"填满摩天轮的座位""不断收成的耕作系统"，还独具创见地发明"乔·吉拉德的 250 定律""猎犬计划"。他告诉我们，推销可以致富，遵守几个简单的法则和努力工作，每个人都可以和他一样有成就。

他的书非常畅销，已经帮助几百万的读者实现他们的梦想，我把他多本书中的内容整理为浓缩精华版，对你绝对有帮助。我会示范如何打动客户的心，让客户找到你，并说"谢谢你"！

目 录
CONTENTS

1

第 **1** 章

一出手就成交的业务力

业务力一：倾听

学会倾听，
让客户第一时间想到你

> 乔·吉拉德这样说：与其说得口沫横飞，不如先用心听听客户怎么说，等到确定他们有需求，再进一步确认真正的需求与困难在哪里，才能一出手就成交！

不久前，一位好友和我喝下午茶，突然冒出好友的一位友人，过来和我们同桌，好友介绍他是来自台南的张姓友人，我礼貌地奉上名片，对方说他没有名片，接着马上要我给他十分钟。

他介绍了一个赚钱的平台，强调这能赚大钱。他说的"小P大团购"我略知其中梗概，我说："我听过且略知其中一二……"他打断我的话说："你不知道真正的内容……"然后要我给他十分钟详细说明的机会。我当下很不爽，我是和朋友来喝下午茶的，点心还没尝到，咖啡也还没入口，竟然打断我和朋友的约会，要我听OPP①。

---

①即英文"机会"（opportunity）的意思，是直销的讲解流程。

他不但不懂商场礼仪，而且根本不上道，我刚说我对现在平台的看法，还没讲 12 秒他就插嘴，我当场傻眼。他连倾听的道理都不懂，朋友还说他月入 200 万元（指新台币，后文同），你会相信吗？

通过这件糗事，我想给大家一些建议：无论做何种业务，要让客户乖乖安静听你的产品说明，见面时你必须先做好倾听工作，建立和谐融洽的关系，赢得对方好感才行。

要做好业务工作，你必须有"超级业务员黄金销售力"的功底才行，因为这是从事销售工作的基础知识。参加过我主讲"超级业务员黄金销售力"体验营的学生都知道我有一个规定：在实务培训中，如果没办法在十分钟内学会"有效销售"中的"倾听技巧"，就必须退出培训。为什么如此严格？因为抢着说话、不会倾听，就无法打破冰冷僵硬的气氛、消除对方的"防卫心"，自然无法赢得客户好感和信赖、建立融洽的关系，也无法获得下一阶段的正式商谈和沟通的机会。

倾听加上将心比心，让客户第一时间想到你

我认识一位在保险业界连续十年稳居"百万圆桌协会会员"的美女陈襄理，她之所以这么厉害，是因为她找对了心目

中的客户。她喜欢挑战身上布满"地雷"的客户，因为她擅长让客户在她面前自己"拆炸弹""卸下武装"，进而真诚相对，乖乖听她的解说，对她的提议点头埋单。

陈襄理是这样做的：她和客户见面时，简单寒暄后就和客户聊聊工作的情况，绝口不谈产品的话题。因为她知道这类金字塔级的客户不喜欢"理性销售"，但他们都有相当了不起的工作成就，也都非常欢迎业务人员进到办公室，看到他们的事业成就。

陈襄理攻心的销售方法，都是先聊工作，一旦客户开始讲述自己的奋斗史和打拼成果，她就在旁边托着下巴安静而认真地聆听，且频频点头。她还常趁机赞美回应几句，客户听到她的"赞美"，就从心里升起"这人真是难得的知己"的好感。几回拜访之后，客户就会开始透露自己的心声："其实你不知道呀！没有我撑着，公司早就关门了。我赚了钱，股东们也不会对我说一声'谢谢啊'！"或是"谁想做女强人啊！老公不长进，全家都得靠我赚钱！"

她知道，一旦客户说出这些话，就代表他们开始拆解自己身上的"地雷"，他们的"防卫心"也跟着解除了。这时候，陈襄理会流露出一种理解的眼神，并且分享自己的看法和经验，让客户认为她和自己是"同一国"的。

陈襄理就是靠着"倾听"的功夫，加上"将心比心"的表达手法，掌握到销售的关键，赢得客户的心。之后，通常客户就会把她当成知己，跟她说真话，和盘托出自己真正的需求。

她就是用这种"以柔克刚"的方式长驱直入，而且生意长长久久，不会只有这一单，日后客户一有需求，第一时间想到的就是陈襄理。

通常，业务员拜访客户、进行沟通时，对方眼睛常会望向其他地方，仅是竖起耳朵听一听，对你提供的信息不会认真考虑。专业一点的倾听高手，会细心观察对方的脸部表情、语调和肢体动作等非语言讯息，来判断客户话语的真实性。而最厉害、最有效率的倾听者，会"将心比心"从客户的角度去理解讯息，如此，除了获得客户说出的讯息，还可以推论出更多他没有说出来的想法。

设身处地不但让沟通更有效率，另一个好处是让人感觉贴心、受到重视与被关怀。当你面对客户时能有高度同理心[①]，你与客户之间的认知差距会缩短，心的距离也会更贴近，拿下订单就像瓮中捉鳖一样容易了。

---

①指在人际交往中，能够"将心比心"理解对方，并站在对方的角度思考和处理问题的能力。

谈客户熟悉的话题来破冰

"不知道要和对方谈什么"是业务员在向客户自我介绍后，最伤脑筋的事。

打完招呼后的第一句话，究竟该说些什么呢？为了不过于唐突，最好是谈一些客户熟悉的话题来破冰，这样可让对方放下警戒，提高回应的意愿，在轻松的气氛下展开沟通与对话。

我认为"客户熟悉、感兴趣的话题"可由下列方向寻找：

一、谈对方身边的物品。不管是一本书或一辆脚踏车，都是开启话题的好用道具。人们会随身携带的书或物品，通常是他们正在阅读或感兴趣的事物；对于熟悉的题材，人们讲起来往往也比较不紧张，甚至会开心地发表意见。

范例1："你也在看《饥饿游戏》吗？你觉得这本书好看吗？听说同名电影上映了，你有兴趣去看吗？"

范例2："你这支球棒看起来好专业！是什么材质的？你是专业棒球选手吗？"

二、请对方出主意，或请对方给予指导。如果一时从对方身上找不出话题，而对方在网络营销方面很有成就，你可先说明自己对网络营销的见解或看法，再请对方出主意或给予指导。

提出一个需要对方出主意或进行指导的问题，几乎可以确保对话顺利开展。例如："你知道有哪一家公司可以做网络营销的咨询吗？有没有还不错的公司可以推荐呢？"

三、谈与对方有关或熟悉的话题。诸如以对方的嗜好为话题，或是以对方的故乡、就读学校为话题，或是双方共同友人、介绍人的近况，或是对方的社团活动或职务。

四、针对彼此都熟悉的某事物或某人进行交流。对方工作领域中目前的热门时事或近期的话题人物等，都是很好的交流话题。不过要记住，采用这个方法，最好是针对观察到的好事提出看法，负面讯息还是少说，以免给人爱抱怨、愤世嫉俗的不好观感，要是不小心误踩"地雷"就更糟了。

范例1："最近保险从业人员资格考试好像很红，你是怎么准备的？会很难考吗？"

范例2："不好意思，我正在附近找办公室，你知不知道附近是否有办公室出租？"

进行自在聊天应注意的重点

只要巧妙运用上述的开场话题进行聊天，加以适时"赞美"对方，就可以迅速打破冷场，赢得对方的认同和支持。

当然，在你开场聊天前，一定要先分析对方，了解他的背

景、兴趣爱好及性格特征，等等。

总之，见面谈话时不要太急，不要没说几句话就迫不及待地谈你的产品。你应该先谈论他们最熟悉和感兴趣的事情，进行自在的聊天，得到对方的好感之后，他们就会愿意花时间"聆听"你的产品解说。

关于聊天，还要注意以下几个重点：

1. 跟别人聊天，应该言之有物。

2. 聊天要幽默，否则对方听了会想睡觉。

3. 聊天话题避免肤浅，否则会被对方瞧不起。

4. 万一你的话不能得到认同，此时暂停一下，保持沉默。

5. 主动说一些自己的小糗事，可以增加亲切感。

6. 你可以借由提问，让聊天更有趣。

7. 聊天时，不要提出一些挑战性的问题，免得引起激烈争论，弄得不欢而散。

结论：听懂"弦外之音"才不会表错情。

培养听出"弦外之音"的能耐

要解开对方的"防卫心"，达到无障碍沟通的境界，你还需要有听出"弦外之音"的能耐。

如果客户拒绝你的建议和提案，就代表你没有真正掌握客户的需求。如果想在下次提议和提案时一举成功，务必通过各种沟通技巧，了解客户究竟在想什么，以便在下一次会面时对症下药。

"对症"的方法，首先是"听清楚"客户的每一句话，其次是确定"听懂"客户的意思。而"听懂"的关键在于，你必须留意客户是否有"弦外之音"，因为这可能是客户拒绝提案的真正理由。

譬如客户说："这个产品的功能还不错，但有地方怪怪的。"问客户哪里怪，他却说不出具体理由，其实，客户想的可能是："这个产品很贵！"因此你得抽丝剥茧问出其中原因。

你可以问："为什么不喜欢这功能？是使用太费力，还是操作很麻烦？"你慢慢会发现，其实并非产品本身的问题。

如果客户是考虑价钱，他有时很难开口说："我没有足够的钱。"有经验的业务员，在与客户沟通到第三次而对方还没有点头时，就会先找主管商量，帮客户抓好价格，以解除客户的疑虑。

完全听懂客户需求的秘诀，在于平常就必须细心观察客户是什么样的人，有什么习惯、个性、喜好，他讲这句话可能代表的是什么意思。

请你跟我这样做

1. 运用眼神、肢体动作，一边倾听，一边适时点头；不要在客户讲话时插话，不要边听客户讲话边做其他事，诸如看手机留言、四处张望，或是埋头翻阅自己的产品宣传册，等等。

2. 运用同理心设想对方的状况，例如设想"如果我是采购，我会如何"？

3. 要从客户传达出的相关讯息中，判断客户的真正需求和客户所关注的问题，针对客户的需求与问题，替客户寻找解决的办法，从而令客户感到满足，最后完成交易。

业务力二：讨价还价

报价、议价、让价，
都需要策略与技巧

> 乔·吉拉德这样说：你报价给客户后，客户说"你们的价格太高了"，这时你可以运用同理心，先肯定对方的感受，然后巧妙地将客户关注的价格问题，引导到优质的服务和高质量的产品上来。

因为同行竞争与网络的发达，产品价格与信息通常都很透明化，客户因此很会杀价。现在服饰专卖店能赚到的钱微乎其微，近来有将近50%的店面拉下铁门，放弃经营。在你决定结束营业、放逐自己时，先想想未来要走哪一条路。

目前，有位在台北东区经营知名品牌服饰的熟女告诉我："我开店做生意，因为定价合理实在，因此吸引客户经常上门，但还是天天都遇到嫌贵、要折扣的客户。经过一番讨价还价后，利润空间一压再压，依然无法满足客户。收入扣除产品成本，剩余利润几乎被租金、人事成本蚀掉。今天才发现我没赚钱，问题竟然是没有应付客户压价的本事、缺

乏让价的技巧，所以请你传授一些技巧，助我一臂之力，感恩喔！"

是的，客户都很会杀价，如果缺乏议价的技巧，赚钱真的很困难。

议价就是讨价还价，而讨价还价是实力、智慧和耐力的较量，是为了争取到最大利益而与对方进行的博弈，掌握好议价的技巧，就不难在谈判中如鱼得水。

任何商务活动的咨询，最后一定是在价格上进行磋商，如果双方在价格上议价成功，就很容易完成交易。

"如何有效让步"往往是让价的主要部分，因此，当对方要求降价，我们确定让步时，就要根据标的大小，对手的需求、条件和特点等，选用适当的让步战略战术，才能确保自己的利益。

报价前做好事前预防，胜过后面的沟通

讨价还价是成交前最艰辛的战役，如果能过关，成交自然水到渠成。因此，若能事前做好预防，客户对价格的坚持与固执就会减少很多。

一、报价时要留给客户还价的空间。假设产品标价是

49600 元，在客户要求优惠后，你的报价是 48700 元，结果以 46500 元成交，比最初的标价优惠了 3100 元。如果你的底价是 46500 元，你的报价一定要高于 46500 元，这是每个人都明白的道理。这样才能给客户还价的空间，才能让客户有杀价的"成就感"。

二、报价要理直气壮。不要让客户觉得你的报价有议价的空间。如果你销售的是精品、驰名商品或高档货，就要理直气壮卖得贵点！但如果不是精品，还需经过用户的检验，报价时你至少要表现得理直气壮，表现出这价格是理所当然的样子。这是减少讨价还价的基本对策。

报价时，要百分之百确信自己的产品价格本来就很公道、很具竞争力，然后，以充满自信的态度、明快清晰的声音报出价格，客户自然而然会对你的价格深信不疑。

请牢记在心：报价声音愈小，客户愈会讨价还价，"杀"得你难以招架。

三、选对报价时机也相当重要。介绍商品前，先不要报价。尽量避免在介绍完商品之前提到价格，如果客户问起价格，就直接告诉客户："价格你放心，一定会令你觉得划算，待会儿就能知道。现在请给我两分钟时间，为你介绍这个产品的'秘密'。"

四、要比竞争者更早出手。最后要注意的一点是，应比竞

争者更早出手，报出客户可以接受的价格，减少谈判的时间，并采取紧迫盯人的方式，促使客户尽快下定决心购买。因为，一旦客户货比三家之后，你通常就很难应付客户的杀价要求了。

在报价到最后成交价的过程中，会经过很多次的"厮杀"，然后一步一步接近成交价，或者接近你自己的底线。

让步时，不惹人厌又确保利润的技巧

做生意，报价时要理直气壮，但需要让步时就要讲究技巧，才能确保利润。

以下是如何让步才不会惹人厌，并确保自己利益的还价技巧。

一、**喊价要为将来让步，留一条后路。**喊价如果没根据会容易误事而拿不下订单，因此，在谈判时，你开出的价码（立场、条件……）一定要有根据和说法，即使是强词夺理都比拿不出理由要好。不要让对手感觉你是在随意报价、喊价，这才是避免在压力下让步的王道。

二、**有理由的报价、喊价，也须有理由才能退让。**要退要让都要有根据，才不会招来反感。既然我方的报价、喊价有根据（行情、委托人、上游厂商、供货商、政府规定、顾问……）支撑，那么绝不能任意让对手变更，"要进要退，都得讲出个理由"，也就是所谓"坚定的弹性"。

三、为让步预留伏笔。事先设想"换牌"的空间，作为让步交换的筹码。例如，若对方在意价格，如果我方要让步，可以引导对手用数量、付款、规格、交货方式等条件，来交换我方的让步。

四、根据现实状况，采取有针对性的让步幅度。"几何递减式"是指让价幅度按几何级数递减，此法诱惑力强，诚信可靠又比较合理，是常用的技巧；"几何递增式"是指让价幅度大致呈几何级数增长，适用在对手是新手、目标可比性不多或急于成交时；若双方都了解市场行情，又是经常交易的标的，不妨采取"只让一步式"——在开始或结束时只让一次价；若双方是初次交易，且对标的没有交集时，不妨运用每次让价幅度相等的"算术级数式"让步。

五、让步实施"唱黑白脸"策略时，下属应该扮黑脸。下属扮黑脸向对手施压，让上位的人扮白脸，直到需要妥协的时候，下属才表达出让步的意愿。如果上下级角色倒错，上位的人翻完脸，下属也不便再表示和解，讨价还价势必破裂。

六、高层不是特定的一个人，用模糊的说辞才有伸缩性。如果要拿"高层反对"当作降价的借口，所谓"高层"应该是指一大群人而不是特定某一个人，这样才能避免对手直接找高

层进行个别突破，造成无路可退的困局。再说，万一日后需要让步妥协时也较容易转圜，因为"集体意见"本来就容易发生变化。

让步不要太快，幅度不宜太大

谈判专家研究指出，在谈判过程中，较能控制自己让步程度的人，总是占到比较有利的地位，特别是当谈判快要形成僵局的时候。

研究同时发现，成功谈判者所做的让步，通常都会比对方的让步幅度小。还有，他们善于渲染，会夸张让步的艰难性，"放大"让步的好处。

总之，报价、喊价不要太低，让步不要太快，让步的幅度也不要太大，否则成交价通常会比较低。也就是说，让步要慢，小幅度地让步，即使在形式上让步的次数比对手多，结果还是比较有利，永远不吃亏。

讨价还价要知道自己的底线

超级业务员讨价还价的底线，取决于对各类成本、市场供需情况、竞争对手报价等内外因素的把握程度。因此，做业务，首先是了解自身的底牌以及原则。

进行讨价还价前，需先了解以下几项因素，作为谈判的底牌以及原则。

一、价格优先考虑。价格包括同行的市场价格、国际市场的价格水平，特别是最高利润和最低利润的两个边界点。

二、了解自身产品与众不同的卖点是什么。这些卖点对客户是否有吸引力，以此衡量这些卖点在讨价还价中分量的轻重。

三、不可对客户一次就让步到底。千万不要一次就亮出底牌，把最大的让步幅度暴露给客户。

请你跟我这样做

1.遇到"假挑剔、真杀价"的客户，只要完成分内的工作，从此跟他说"再见"，不需要再面对他不合理的要求。

2.面对爱财如命的铁公鸡型客户，你可以通过分析产品或服务所能带来的价值，以及和其他产品相比具有优势的部分（如省钱、便利、长效……），让客户明确知道，购买这个产品或服务所带来的价值远高过价格，借此提升他们的购买意愿。

3.遇到吹毛求疵型客户，只要确认产品或服务可以达到他的需求，他是愿意付钱的。遇到这样的客户，你就可以根据客户需求提出多种方案，让他不至于针对单一方案吹毛求疵，同时做好不断修改方案的心理准备。

业务力三：陌生开发

开发陌生客源
才有高绩效

> 乔·吉拉德这样说：尽可能让更多人认识你销售的商品，这样，当他们有需要时，会自然而然想到你。

在所有客户关系的经营上，陌生开发最为困难，从无到有、从不相识到建立起伙伴关系，这个过程对一个菜鸟业务员而言，总是令人头皮发麻，真的好难！

进行陌生开发时，每推开一扇门、每打一通电话，95%得到的是客户拒绝时的难看脸色或咒骂，这时你是摸摸鼻子自认倒霉地离去、挂掉电话，还是会另想新方法、找关系突破对方心防，继续奋战不懈呢？

根据我的了解，不愿花时间去做陌生拜访，或对陌生拜访感到害羞甚或恐惧，通常是因为不习惯与陌生人交谈。丧失与陌生人交谈的能力，很容易就错失商机。这就是很多业务人员赚不到钱，甚至放弃销售工作的主要原因。

新客户开发的确不容易，统计数据显示，每开发六位新客

户，只有一位会有兴趣和响应；十位有响应的客户中，只有一位会下订单。

营销场如战场，要想赢得胜算、圆满成交、创造高绩效，陌生开发的专业经验不可不知。做业务，不懂又不肯做陌生开发的话，绩效通常乏善可陈，顶多让你能养家糊口而已，若要得到更高的收入，就必须随时随地地开发更多客户。进行陌生拜访，才有机会开发更多的客户。

陌生开发可以这样做

所谓"万事开头难"，新入业务这一行业，拜访陌生客户是一项不可逃避的新兵训练！做好陌生开发，需要"勇气、方法和热情的行动力"，其中，运用正确的方法最重要。其实，多次的陌生开发经历、一些小订单或奖金的激励，能够很轻松地帮助你克服陌生开发的心魔。

如何进行陌生开发？如何取得较佳的成果？照着以下五个方法依样画葫芦，纵使遇上刁蛮的客户，你也能随心所欲，利用出神入化、炉火纯青的沟通技巧，让客户对你言听计从，从而手到擒来。

一、充分做好拜访前的准备工作。做好功课（Do your

homework）虽然是老生常谈，但我一再失望且惊讶地发现：
90%的人没能做到这点。只有做好每一项琐碎但具有意义的
预备工作，陌生开发才不至于招来反感，才能有效地从未曾
合作过的客户手上拿到订单，并让业务人员得以累积推销成
功的能量。

二、尽可能弄清楚客户的"闲置时间"。如果你进行陌
生开发时，对方很明显地处于"闲置状态"，你将减少一次被
"说不"的可能。在整个行销过程中，减少对方的问句，增加
对方的肯定句，绝对是有必要的。

三、对自己做好心战喊话。展开行动之前，一定要做好被
拒绝的心理准备，激励自己"我是钢铁人，勇者无敌"，然后
信心十足地拜访。把客户的拒绝看作"他不是在拒绝我，而是
拒绝我提出的建议或我销售的产品"，然后让自己对陌生拜访
充满兴奋与期待。

四、人情练达容易缩短心中的距离。行销绝不是一个人唱
独角戏、一味拼命埋头苦干。如何使对方打开心扉、使对方信
赖自己才是最重要的。要达成这个目标，就要站在客户的立场
考虑问题，体恤对方，展现出为对方着想的心意。

五、执行方法照本宣科就有机会。与客户见面时直接切入
正题，少废话，将产品的好处和价值开门见山地说清楚。东拉
西扯、信口开河是对客户的不尊重。

当然，你的开场白会充分影响你此次拜访能否成功，要能说出顺畅、诚恳的开场白。你可以试试："我刚刚和 ×× 公司的人（与你正拜访的客户熟识）谈完，他们觉得我们公司提供的服务帮了他们的大忙，并且认为我可以用同样的方式为贵公司提供一些帮助。"

没有名单成不了大事

进行陌生拜访若没有客户名单，成不了大事。你可以从以下地方获得名单——网页，电话簿，厂商工会名册，商业公会名册，扶轮社①的名册，狮子会②的名册，青年商会的名册，县市乡镇公所名册，各种联谊会的名册，俱乐部的名册，校友会、宗教团体的名册，当地商业杂志、地方报的工商专栏，生意往来的朋友，前员工，参展中留下的名片，也可以花钱购买。

当然，你可以在网络上利用促销活动或抽奖游戏，要求参加者填入个人信息，如电子邮件、电话号码、性别、年龄、地址，等等；也可以线下利用问卷调查表，让客户填写个人信息。

---

①依循国际扶轮的规章所成立的地区性社会团体，以增进职业交流及提供社会服务为宗旨。
②1917 年成立，是世界上最大的服务组织之一。

选对时间、看清局势，才能抓大鱼。抓鱼要抓大鱼，而不是大海捞针！挨家挨户拜访虽然老套，但还是要讲求方法。你要用心观察市场，掌握产业的趋势和消费潮流，顺着产业起伏的脉动走，才能抓到市场上的"大鱼"，业绩自然亮眼。

执行六个开发步骤，赢得更多机会

想要和初次拜访的客户开启话题，得到对方信任，进而赢得更多的业务机会，可试着执行以下六个开发步骤，将更容易得到客户回应与业务机会。

一、尽可能多地了解对方各方面的情况。 拜访前充分了解对象的途径有很多，可以上网查询，也可以经由熟悉该客户的家人、亲友，以及其他社会关系来收集资讯。例如对方的工作、职位、需求、财务状况、个人喜好、家庭成员的喜好等；如果是 B2B[①] 的客户，例如公司或工厂，除了客户的基本资料之外，还要进一步探讨他们所面临的市场挑战，掌握客户的需求点及痛点，了解客户要将产品卖给谁，最终客户选择产品的标准是什么。之后，设定你这次拜访想要达成的目标，设计好

---

① Business-to-Business 的缩写，是指企业与企业之间通过网络，进行数据信息的交换、传递，开展交易活动的商业模式。

你的开场白及想要向客户提出的问题，以及介绍产品所需的资料或样品等。

二、脸皮厚，才能吃个够。陌生开发，要摆正心态，坦然地接受陌生人的拒绝，要坚持不懈，脸皮要厚，必须敢开口说话。如果在陌生开发过程中，因为一两次拒绝就灰心，或者不敢再开口说话，那怎能做好销售工作？

三、苦练基本功，首先要积累丰富的专业知识。市场在变化，客户也不再像以前那样缺乏专业知识，现在的客户越来越精明、要求越来越多，因此，今天的业务人员应该更专业，最起码要比客户专业。

四、能吃得苦中苦，就有机会成为人上人。许多业务工作都是高收入的工作，可以让一个高中毕业的人，月入十几万元，同时也是一份辛苦的工作。对于刚开始从事业务工作的人来说，初期的陌生开拓一定不要偷懒，认真做好每一天，为以后的道路打下基础。很多业务人员做不下去，不是因为资质不够，而是一个字——懒！

五、出发前，做好"必胜"的心理准备。出发和展开行动之前，一定要做好被拒绝的心理准备，并激励自己勇者无敌。不可能每次拜访都能得到见面的机会，应该把客户的拒绝看作意料中的事，对此有充分的心理准备。客户不是在拒绝你，而是在拒绝你提出的建议或你销售的产品。

六、从失败中找到正确的方法。如果拜访客户不幸失利也不要泄气，转换观念、换个角度去思考，从拒绝你的客户那里学习，找出客户拒绝的真正原因或是他们对产品不感兴趣的理由。针对相关因素，找到正确的解决方法，重新出发，制定出下一次的拜访计划及技巧。

照着以上方法去做，纵使遇上刁蛮难缠的客户，你也能谈笑用兵，让客户对你言听计从，从而手到擒来。

结论："肯定自己"就成功了一半。

进行客源陌生开发，运气成分占了80％，不可能天天一帆风顺，起起落落本来就很正常。你要做的是，为这种起伏的现象做最好的准备。我认为，只要你懂得积极地肯定自己，就成功了一半。如果你有心理准备也有对策，就能从容驾驭了。

请你跟我这样做

1.陌生开发的名单可以从网络上收集，先从人才市场找起，然后是在线黄页、公司名录之类的网站。

2.打电话开发时，当客户的秘书或助理不打算为你转接电话时，你可试着暗示对方你已经和客户约好通话时间，而且客户正在等你的电话。

3.要收集"直接有效的名单"，可以直接踏上街头，利用市场调查法或是从街头巷尾收集名单。

业务力四：人脉

经营人脉，
让客户帮你找客户

> 乔·吉拉德这样说：推销这一行，需要别人的帮助。每个人的时间、精力有限，每天能开发的客户自然有限，所以我把客户当成我的人脉，运用"猎犬计划"让客户帮助我寻找客户。

我们都知道，成功来自50%的累积、40%的经营、10%的收成。万丈高楼平地起，所有美好的结果都需要持续努力，人脉也一样，要一点一滴才可能累积成对你有帮助的人脉。如果你连平常参加活动都不敢交换名片，怎么可能开创你的事业呢？

我想告诉你，好业绩在于花50%的时间开发业务，40%的时间做客户管理，10%的时间成交。还有，做业务就像交朋友，人相当敏感，如果你总是想着要成交，你的客户可以感觉得到，最后你可能会陷入"人财两失"的泥沼。

做业务需要人脉的扶持

不久前，有一位超级业务员在看完我的 Facebook[①] 后，赞美我有良好的"人脉"，并分享说："你在 Facebook 上说得非常对，做业务，业绩要领先人群，方法不一而足，就是不能缺少'人脉'的扶持。"

没有错，做业务最好要有人脉的扶持。

我知道有 80% 的超级业务员，不论他们身在何处，超级市场、停车场、高尔夫球场、研讨会或是论坛，都随时随地在认识人并建立人脉。因为他们心知肚明：你永远不知道哪个人会是一个重要的生意来源，而且能为你带来一笔大生意。

工作上有人脉的人，对工作的投入程度是他人的七倍。

我从事销售工作的业绩总是遥遥领先，除了勤奋努力之外，人脉是关键要素。因为我学习乔·吉拉德，把客户当成我的人脉，运用"猎犬计划"让他们帮助我介绍新客户。我有六个经营人脉的技巧，公开如下：

一、避免有目的性的交友，心急容易误事。做业务要有好业绩，在于花 50% 的时间开发业务，40% 的时间做客户维系，而只有 10% 的时间在成交。

---

①即脸谱网，是由马克·扎克伯格创建的社交网络服务网站。

"人"到用时方恨少，建立人脉，首先要抱着多认识优秀朋友的心态，而不是带有什么目的去认识新朋友。做业务就像交朋友，如果你总是想成交，对方是感觉得到的。心急吃不了热豆腐，发展人脉也一样不能急，心急就会得不偿失！因为真正能发挥作用的人脉，一定要经过时间的发酵，如果急于得到结果，反而欲速则不达。

二、将身边认识的人组织起来，定期聚会。利用下午茶、聚餐、登山、骑自行车等活动经营客户和人脉，将身边有实力、有关系的人组织起来定期聚会。

三、走出旧有的人际圈，多参加社团和活动。可以加入行业的公会、协会、专业组织，或是经常参与研讨会、论坛，增加认识业界人士、成功人士的机会，甚至可以主动争取在这些组织中担任某些职务，扩展人脉层面。

四、主动出击，和别人互动交朋友。不管在任何的场合中，与其坐着不动等待事情发生，不如主动出击，把自己当成主人，主动和充满自信且正面积极的人交朋友。

五、建立人脉数据库。人脉数据库包括对方的名字、地址、兴趣、联络方式、职称、职责、秘书或助理的名字等。如此一来，当你需要帮忙时，比较容易找出适当的人选。

六、多一分帮助，就多一分助力。"要怎么收获先怎么栽"，利用你的专业、专长、经验、素养或爱心进一步帮助别

人，常分享别人需要的讯息或寄送专业电子报，作为朋友互动的专业讯息平台。

发展人脉固然需要正确的态度，人脉的累积也是一种技术或能力，如何善用随手可得的通信软件及人脉资源，就要靠大家多用心了！

让你的人脉变钱脉

业务新手通常没什么人脉，开发新业务很辛苦，但若你有正确的人脉就不会累。人脉在你开发新业务时帮助非常大，因此，你务必要找到正确的人脉，并设法借助人脉之力，让有力的人脉引荐你、帮你一把，以快速达成任务。

房地产经纪人当然要有卖房子的高超本事，以及读懂客户心理的能力，但仍要有良好而绵密的人脉网络。如果你有绵密的人脉网络，市场卖猪肉的老板可能会介绍常向他买猪肉的婆婆妈妈找你买房；而对你服务相当满意的客户，可能有一堆的朋友打算买卖房屋，他们都会打电话给你……这就是人脉带来的效益。

90%的人缺乏良好的人脉基础，局限于自己的小圈子、小范围内，来往的只有亲友与同事，随着产业环境快速发展和竞争白热化，这样的人脉基础显然是不够的。但要如何编织"绵绵相连"又有用的人脉？业务新手要如何踏出第一步，累积正确人脉，使人脉发生效益？方法如下：

一、刚开始要求"量"，不要太限制对象。人脉无法一眼辨识，所以不要从太现实功利的角度出发。交友时多多益善，不要一开始就设定谁是自己的未来人脉，而是广泛去认识各种人。培养人脉是一种"养兵千日用兵一时"的长期工作。

二、要懂得"去芜存菁"。认识的人多并不等于人脉广，你要扭转"以多寡论英雄"的人脉观，因为人对了，一切就对了。这不是现实问题而是选择问题。你必须分清楚什么人才是你的资产，看清对象才能让你的人脉变钱脉。

三、先付出，不求回报。建立人脉的核心在于奉献付出和为他人着想，而不是只想着自己的业绩。抱着想要卖掉产品的态度去建立的，不是人脉，而是人人视为洪水猛兽的人际关系。

如果你希望别人认识你之后，会伸出双手帮助你、协助你，你可以从服务结缘、语言结缘（鼓励或激励他）、身体结缘（一个微笑、一个举手都是），自己要先付出，千万不要计算回报。

四、平时多"烧香"，急时有人帮。除了在认识时给对方留下明确的第一印象，日后还要多互动、联络感情，平日就需培养关系。从自己的优势出发，多主动帮助他人，维持住彼此

的关系，时间久了，对方对你的专业会有深刻的印象，当对方有事情时就能够第一个想起你，主动来询问你。人情存折，时间愈久红利愈多。

五、展现"舍得"的艺术。与朋友博感情很重要，方法之一就是学习舍得的艺术。蛇是在蜕皮中长大的，金是在沙砾中淘出的，要取得更多的成绩更是如此。先施出你的好意，助人一臂之力，自然会有所获得。舍得是一种精神、成熟和智慧，是一种为人处世的艺术，也是开发出更多客户的窍门。

以友谊为出发点，让自己成为别人的贵人，就算没有回报也无所谓。只要有善心，自然善缘处处在，善门处处开！

结论：有舍，必有所得。

人世间的事情，有付出才有回报，没有无回报的付出，也没有无付出的回报。有舍必有所得。结交人脉，付出愈多得到的回报愈大，只想要别人给予自己，"得到"将是天方夜谭！

请你跟我这样做

　　1.花时间提高自己的个人价值。你的利用价值越大，他人越会帮你。

　　2.有机会就提携比自己地位低的人，他们好比低价买入的潜力股，这类股票才能真正让你赚大钱。

　　3.先强化自己的条件。在你还没有很优秀时，先别花太多宝贵的时间去开展社交，多花点时间读一点书，提高专业技能，先提升、强化自己的条件，当你足够优秀，朋友自然会上门找你！

业务力五：赞美

让客户的"不满"
变成好口碑

> 乔·吉拉德这样说：有时候，即使要贴钱处理客户车子的毛病，我还是会做，因为这会让客户感觉我和他站在同一边；而且我支持他，成为他的朋友，等他下次要换车或有朋友要买车时，自然就会找我。

世界上有一件东西比金钱和性更为人所需要，那就是赞美。做业务要成功，有一件东西比专业知识和谈判能力更重要，那就是赞美的心态。

赞美功夫一流，就等于拥有高人一等的谋生技巧，就会有好人缘，凡事都能领先群伦，进而绩效领先，能比较快地心想事成。

因为，赞美能立即打破人际的隔阂，制造良好的人际形势，让你轻轻松松和人沟通；在销售场合中，赞美能让你快速获得客户的好感，拿到意想不到的业绩，左右逢源；赞美能让你人脉存折中的利息一路发，活得愈久，享受愈多。

美好的语言胜过贵重的礼物。人人都有自尊心和虚荣心，所以都喜欢被别人赞美，这是人的天性。

在业务工作中，赞美可以使双方的友谊更进一步发展，让信赖关系更加深厚。同样，赞美别人也让我们能以感恩和宽容的心态，面对工作中的一切。

什么时候是赞美的最好时刻

任何一次和客户碰面的时间，都可以见缝插针地赞美对方的一切，即使是在客户购买产品后，使用中有所不满的时候，一样可以适时地赞美一下对方。

乔·吉拉德之所以具有卓越的销售成绩，方法之一就是，当客户有问题找他，他都倾全力协助解决问题，将客户对产品的不满转变为赞美，这也是他平常就和维修部门搞好关系的原因。

如何赞美别人？赞美是一件好事，但绝不是易事。赞美别人时，如果不审时度势，没有掌握一定的技巧，即使你是真心诚意也会弄巧成拙。

一、情真意切的态度是基础，还要有事实才行。只有态度诚恳，赞美才能显得自然；真心实意，别人才会对我们的赞美

感兴趣，才能获得理想的效果。虽然人人都喜欢听赞美的话，但并不是所有的赞美都能让对方高兴。唯有基于事实、发自内心的赞美，才能引起对方的好感。相反地，如果"无根无据、虚情假意"地赞美别人，对方不仅会感到莫名其妙，更会觉得你油嘴滑舌、虚与委蛇。

有一个人，他去超市，迎面走来一位女生，他上前跟她说："哇，小姐，你真是天上的仙女，美女喔！"不料那位女生白了他一眼，不满地说："先生，你是不是离家太久了？"

为什么会变成这样？原因很简单，因为女生立刻认定他是伪君子，说着违心之论。但如果他着眼于她的服装、鞋子、包包或谈吐、举止等，发现她这些方面的独特之处，然后真诚地赞美，那女生一定会欣然接受的。

对于事实的赞美是我们对事物的基本判断，赞美用语越翔实具体，越会让客户感觉你的赞美没有过度的地方，这样的赞美言辞让人接受得心安理得。

二、赞美要搔到对方的"痒处"。 赞美要因人而异，找出对方的"痒处"赞美，这样正合对方心意，自然加倍成就他们的自信感。

那么，要怎么发现别人的"痒处"呢？有一位成功者说："想要发现一个人的'痒处'是很简单的事，只要观察他最喜欢的话题便可以知道。因为言为心声，嘴中谈得最多的话题，就是心中最希望得到的事物。你在这些地方引领他，一定能搔到他的'痒处'。"

三、**赞美要合乎时宜，要适度。**对客户的赞美，要在适当的时机说出来才会显得自然，同时，赞美中可以适当加入一些调侃的成分，这样容易调和气氛，让客户心中感觉非常舒服。关键在于见机行事、适可而止，真正做到"美酒饮到微醉后，好花看到半开时"。

四、**雪中送炭胜过锦上添花。**患难才能见真情。最需要赞美的人，不是那些早已功成名就的人，而是那些才华被埋没而产生自卑感或身陷逆境的人。他们平时很难听到一句赞美的话语，一旦被人当众且真诚地赞美，就有可能重振旗鼓，再展大业。因此，最有实效的赞美不是锦上添花，而是雪中送炭。

赞美高手可以成就更多绩效

人性中的第一欲望是成为举足轻重的人，人性中最根深蒂固的本性是想得到赞美。

结论：把赞美变成一种习惯。

既然客户需要赞美，我们又何必吝啬我们的语言呢？因为我们的赞美是不需要增加任何成本的销售方式。在任何时间、

任何地点，一有机会就毫不吝啬地对每一个人说一些好听的话，这样你绝对不会吃亏。无论是谁，听到别人的赞美，都不会不开心的。

让我们从现在开始，学会赞美别人吧！把赞美当成一种习惯，不论对象是不是你认识的人，敬爱的客户、认真负责的守卫、有礼貌的公交车司机……他们都值得我们给予由衷的赞美。不论对方表面上的反应是木讷、惊讶还是感恩，你的善意已经灌溉了他心中的花圃，日后将会开出朵朵心花，美化他与你人生的锦绣花园。

不要吝啬你赞美的语言，赞美的话要像窗帘上的风铃，叮当作响，清脆悦耳！

如果你能成为经常赞美客户的高手，你一定是未来的超级业务明星！

请你跟我这样做

1. 你可以说一句"太棒了",这就是简明扼要的赞美方式。

2. 赞美要掌握时机,有好成果出现时,要立即夸奖一番。

3. 当有人赞美你,瞬间让你感到高兴和很有面子时,马上拿纸笔记下对方的表达方法及逻辑;如果现场没有纸笔,也可用手机记录。

业务力六：网络营销

善用网络与社群，
让客户自己找上门

> 乔·吉拉德这样说：我要让别人都喜欢我，都注意到我！网络是一个新时代的管道！

过去那种挨家挨户进行陌生拜访、电话营销和利用广告来做生意的方式，已经是明日黄花了。在经济不景气的今日，照传统方法来开发客户，无疑是一件越来越困难的事情。

因特网早就是没人敢忽视的媒体，在传统开发客户的手段搬到网络的现状下，雅虎亚太区资深副总裁邹开莲表示，未来三年内台湾的"精准式营销广告"的网络广告量，将占总体广告的 20%。

自从有了网络之后，整个营销模式完全翻转，特别是业务人员不必再冒着大风大雨出门去开发陌生客户，只要你懂得搜索引擎优化，让关键字的排名出现在竞争者的前面，就可以让客户很容易地找到你。这真令人兴奋不已！

内容的好坏，决定找到潜在客户的效率

要成功开发客户以及创造更好的业绩，必须让你营销产品的方式符合今日消费者喜好的购物方式，这就是"入向营销"受重视的主因；入向营销正在重新塑造商业环境，重点不在于你有多少钱可以花在营销上，而在于你内容的好坏，以及是否懂得帮助你的潜在客户"找到"你。

利用社交软件广告来找新客户

谈到利用网络开发客户，社交软件如微信、微博、LINE^①等已经是不可或缺的营销利器。在广告满天飞的时代，不是客户不买你的产品，而是你的产品没有让客户看到。你只要用对方法，利用新的营销利器，大量发送广告，还是可以找到新客户，或是有效吸引客户来你的网站或商城的。

也就是说，做生意开发客户要与时俱进，赶上网络的趋势才是王道。当大家都还在做传统广告时，懂得利用网络来开发客户的人，往往领先同业，占尽优势，业绩更好。

---

①由韩国互联网集团 NHN 的日本子公司 NHN Japan 推出的一款通信软件。

不管你正经营着什么样的生意，你是否觉得打了大量的广告却没有找到客户？那你该试试利用新方法，直接将广告发送至客户的手机中。想想看，如果你的潜在客户打开手机都会收到你的信息，而且忍不住点开你的信息，还迫不及待地下订单，这多棒啊！这就是社交软件的魅力。

要做生意，现在你可以利用社交软件的广告功能，每日发送数十万个"剁手级"优惠券或红包让客户免费索取，除了可以吸引客户来消费和购买之外，还可以帮你搜集许多潜在客户的名单，真是一举两得。

一、以网络开发作为你的新战略。你必须在传统实体上开发客户之外，加上网络开发的新战略，才能如虎添翼。加强网络客户开发，爆发力将相当可观。

网络的发达加上公司紧盯营销预算，正是认真开发一群"网络版"客户的好机会。因为网络的进入门槛相对较低，这让有能力、有创造力的人，很容易就能在网络上找到更多的新客户。

现在的科技让你可以坐在办公桌前或任何地方，使用计算机或笔记本电脑直接和陌生客户交谈或进行多媒体简报，而不必亲自拜访。这不只替你省下大把的时间和大笔的金钱，也让你可以同时向多位潜在客户销售。

二、建立一个活跃、蓬勃的交流中心。建立网站的目标并不是要做你产品的传声筒，而是要成为市场中一个活跃、蓬勃的交流中心，让志同道合的人可以彼此联系。如果你能建立出这么棒的环境，自然可以吸引到最可能购买你商品的人，那你就会找到更多的新客户，并促成生意。

三、**请对方上网看你的动态。**在和客户通电话时，可以请对方上网关注你的最新动态，然后同时回答问题。这会给潜在客户留下非常深刻的印象，如果你还能在网络上事先针对他们可能会提出的问题予以解答，效果就锦上添花了。准备好这样的网络宣传动态讯息，能让你从众多竞争对手中脱颖而出，使你更具说服力、更能有效销售。

四、**开放在线视频会议。**你一天24小时在在线视频会议中，可以很轻松地把你的网络动态提供给成千上万人看，展开销售。你会发现，让对方坐下来看完简短的电子讯息介绍，比要他答应和你面对面沟通简单得多。同时，你要设计一连串电子邮件讯息，发送给所有参与在线视频会议的人，请教他们的意见，以便再进行交流和后续跟进。

专家发现，新的信息发布技术和信息监测技术，为网络营销人员提供了接触消费者和开发潜在客户的新机会，因此，很多企业就顺势用科技拓展海外新市场，将战线伸向国际舞台。

网络给企业开拓海外市场带来了意想不到的便利，作为外向型的企业，如果现在还不能充分利用网络，开发更多的潜在

客户和发挥营销的作用，那么，你的根据地很快要拱手让给网络营销策略更高一筹的竞争者了。

善用网络工具开发客户

你还可以利用科技开发更多的潜在客户，方法如下：

一、活用在线视频会议。在线视频会议可以协助你大量开发潜在客户。在线视频会议就是可以让许多人同时看见、在网络上进行的研讨会，是一种绝顶聪明的资源。目前有许多厂商提供在线视频会议的软件，其中最知名的服务商有 WebEx（www.webex.com）和 Go To Webinar（www.gotowebinar.com）。

二、运用电子邮件。电子邮件依然是电子商务的主要角色。你可以利用电子邮件来开发客户、筛选客户、联系客户以及推销。电子邮件是开发客户的绝佳方式。你要定时将载有最新消息的电子邮件发送给客户名单里的成员，以及订阅你快报的用户，这会收到很好的效果。

三、善用 RSS 平台。RSS（Really Simple Syndication）技术是以一种互动的形式，让营销人员与消费者、合作伙伴和潜在客户，分享企业网站的最新信息及内容。RSS 平台已成为主流的网络营销方式，这同时也表明，B2B 营销领先者比传统营销者更具有高速的网络营销竞争优势。

四、利用在线视频广告。这也是吸引客户上门的手段。随着在线视频技术升级和形式标准的统一，B2B 网络营销人员可以大量采用视频广告来宣传和推广，找出有购买意愿的客户。这也是吸引客户上门和开发客户的好媒介。由于制作和播放成本高昂，所以在线视频广告比较适合大型企业采用。对中小企业来说，视频广告远不如搜索引擎关键词广告来得简单快捷。

五、选择有效的网络媒体。无论是 B2B 营销还是 B2C[①] 营销，通过网络开发出更多客户的作用都是非常显著的，因此，现在已经不是要不要投入网络营销的问题，而是要考虑如何选择最有效的网络营销媒体，以及采用哪种更有效的网络营销方法。

结论：坚持每天开发客户就会成功。

我们身边 99.9% 都是陌生人，陌生人是永远开发不尽的庞大市场和商机，只要是"敢想、敢追、敢得到"的业务人员，都绝对不会轻易放弃陌生市场这块大饼。

过去 25 年，罗杰斯（Jim Rogers）年年登上全球保险界的圣母峰——顶尖百万圆桌会员（Top of Table），佣金年收入少则 100 万美元，最多达 2000 万美元，是台湾第一届《商业周

---

① Business-to-Customer 的缩写，是一种商家对个人的电子商务模式。

刊》"超级业务员大奖"保险业金奖得主年收入的 31 倍。

有很多人请教罗杰斯如何成为一位顶尖保险业务员，他说其中最难的，就是持续进行每日例行性工作，特别是开发陌生客户。

罗杰斯掐指一算说，他的保险生涯中，客户拜访次数超过 25000 次，平均一天 4 位，一周 20 人，从不间断。罗杰斯坚持每天拜访 4 位客户，许多业务高手都自叹不如，说自己做不到。

一旦你能坚持每天开发一定数量的客户，并摆脱乱枪打鸟和自我中心的销售地雷，必定能引领业务潮流，让客户永远只说"YES"，成交订单如雪片般源源不断！

请你跟我这样做

1. 和客户多接触，接触的频率很重要，频率越高，越可以增强信赖度和缩短客户购买的距离。你可采取微信公众号、博客、网站、发送电子报等方式持续地和你的客户保持接触。

2. 在网络曝光的机会非常重要。通过网络进行销售推广时，文案的内容要吸引人，并树立品牌专业、值得信赖的形象。

3. 在社群网络上，你可以多分享一些专业知识、商品服务或是相关产业的文章，增强自己专业的风格形象。

4. 每个人的社群网络经营方式不同，你可以送温馨、送温暖，关心客户的工作与生活；也可以用专业的形象去吸引客户，并给予适当的建议。

业务力七：询问力

好的询问技巧
让你问出好业绩

> 乔·吉拉德这样说：我把销售看作一门科学，它是有规律的，而不是偶然和运气的事件。一个杰出的销售人员可以通过不断的询问和摸索，掌握它的规律，从而有针对性地沟通，获得更好的业绩。

超级业务员能拥有百分之百令人心服口服的业绩，有一定的道理，因为他立足于现实论，懂得询问，完全抓住客户真正的需求。然后针对客户真正的需求见缝插针，告诉客户自己的产品会带给客户什么好处，赢得客户的心，赢得订单。

知道客户的需求，销售不失误

《孙子兵法》要我们"知己知彼"，这意味着进行有效的销售，第一要知道客户的需求，第二要知道竞争对手正在做什么，第三要知道自己要做什么。这三个问题看似简单，但一切的销售失误，都源于对这三个方面不了解。

《孙子兵法》说，知己知彼，百战不殆；知己不知彼，胜负各半；不知己不知彼，每战必殆。知道自己要做什么，搜集可靠和全面的讯息，并根据讯息内容进行销售的重要性大于一切。

销售之神乔·吉拉德则说："我对讯息的依赖，是我制胜的法宝。例如价格，我可以保证，如果客户能够买到比我的价格还低的汽车，我就送一辆给客户。这种自信建立在我事先充分调查研究的基础上，我知道，所有的竞争对手都开不出比我更低的价格。"

"知己知彼"就要搜集更多资料

"知己"是了解自家产品的信息，"知彼"是了解客户和竞争对手的信息，这样才能百战不殆。如何做好"知己知彼"？方法如下：

一、深入了解和研究自家产品，积累丰富的产品信息，建立专业形象。唯有了解自家产品信息，在客户面前才能展现专家的实力，才能掌握成交机会。你可以阅读与本行业或产品

相关的任何书籍和杂志，让你更熟悉自己销售产品的特色和强项。在公司产品培训时用心学习，最好向资深同事请教，还要去参观工厂和亲自使用自己的产品，再向客户分享产品的功能和效果，这样最有说服力。

二、要了解你的客户，就要用心搜集他们的相关资料。你可以上网，从公开信息中找到拜访对象的信息。当然也可以问客户的竞争者，或是问客户的客户。

三、要了解你的竞争对手，就要搜集他们的相关资料。只要太阳升起，竞争永远不会减少。你的公司也许能制造比苹果智能型手机更震惊世界的手机，但上市三个月后，一定会有对手推出更便宜的进阶版。如果你每天持续开发客户、打电话给你的客户，竞争对手也会和你做一样的事，因此，一定要每天持续开发客户、打电话给"手上"的客户。

不可能每一个客户都把你的产品视为第一选择，因此，除了要完全摸清楚自己的产品与公司的核心能力，另外一定要想方设法搜集大量竞争对手的资料，以了解会受到什么样的挑战。

举例来说，你可以制作一份表格，列出"三大竞争产品"与"自己产品"的全部特性（包括操作性、可靠度、维修点数量等），再以客户的需求为出发点，公正地评估各项产品的优劣势并诚实告知客户，当然不要随意批评对手的产品。

此外，通过询问客户，也有助于你快速吸收客户对竞争产品的看法。当你向客户提出"您为什么会选择我的产品""我为何输给竞争对手"等问题，就能发现客户如何看待你与对手，以及他们真正需要的产品价值。

如何掌握客户真正的需求呢？方法不一，我认为不要自己乱猜测乱判断，一定要现实地看待客户的问题，最好是通过"询问"技巧来找出客户真正的需求。也就是说，你可以在和客户的沟通对话中有效地提出问题，刺激客户的心理，让客户说出真心话，然后从客户的需求下手解说，满足客户的需求。

不凭想象看问题，用现实观点分析需求

立足于现实论，我们就会明白，大多数人是讨厌风险、逃避痛苦，喜欢好处、利益和追求快乐的。所以，如果不能消除他们的风险、让他们没有顾虑，同时还让他们没有好处、利益可求，一定很难取得别人的认同。毕竟，换个角度来看，如果别人卖了一个产品给你，让你感觉上当受骗，感觉风险很高，感觉无利可图，即使他口口声声说"我很喜欢你"，你会有好的感觉吗？

将心比心，凡事要站在对方角度看问题，不能用自己的一

套"价值观"去判断别人的看法和想法，要从分析对方的"需求"入手。

正是立足于这一点，乔·吉拉德才能成为全球最伟大的超级业务员，因为他从不凭借想象看问题，他用现实论的观点分析。例如当客户说："我回去考虑考虑！"这其实就是不买的信号。当客户来到店里，说："我随便看看！"其实意味着客户有很强的购买需求，因为一般人如果没有购买的欲望，是不会走进你的地方"随便看看"的。

超级业务员的询问法

询问成功的重点不在于你问的问题够不够多，而在于有没有问对问题。那么该如何聪明地问问题呢？你可以利用状况询问法、问题询问法和暗示询问法，帮助你成功捉住客户的需求。

一、状况询问法。在日常生活中，我们经常会问周遭的人这样的问题："你常骑自行车吗？""你在哪里工作？""你有喝下午茶的习惯吗？"……这些提问都是为了了解对方目前的状况。这种提问方法就称为"状况询问法"。当你对客户进行状况询问时，自然要询问和自己要销售的产品有关的主题。例如："你们工厂有使用节电设备吗？""你目前有进行财务规划吗？"……

进行"状况询问"，目的就是经由询问，了解客户的实际状况以及可能的心理状况。

二、问题询问法。在你获得客户实际状况以及可能的心理状况后，为了探求客户对现状的不平、不满、焦虑及抱怨而提出的问题，也就是探求客户潜在需求的询问。例如：

"你现在有进行什么投资项目吗？"（状况询问）

"购买未上市股票。"

"买进后脱手没？"（状况询问）

"没！"

"现在行情怎么样？是不是发现了不对劲的地方？"（问题询问）

"嗯！现在很难卖出去了，要卖的人异常多，想降价卖都卖不动，实在伤透脑筋！"

从上面这个简单的例子可以看出，经由问题询问，可以帮你找出客户不满意的地方，知道客户不满意之处，就有机会知道客户的潜在需求了。

三、暗示询问法。当你发现客户的潜在需求后，可以用暗示的询问方法针对客户不平、不满的地方，提出如何有效解决的方案。这种询问方法就叫作暗示询问法。举例：

"我们的投资型保单的投资方法非常简单，只要你有现金运用的需求，提出申请，三小时内就能拿到现金，你认为怎么样？"（暗示询问法）

"早就想买投资型保单了，只是一时下不了决心。"

因此，要销售成功，你一定要灵活应用状况询问法、问题询问法、暗示询问法的技巧。你如果能熟练地交互使用以上三种询问方法，经过合理地引导和提醒，潜在需求将会不知不觉地从客户口中说出。等客户说出潜在需求后，你就可以自信、坚定地展示并说明自己的产品，来证明自己确实能满足客户的需求。

销售之神乔·吉拉德认为，通过询问，倾听并观察客户的回答，能够得到充分的讯息，根据这些讯息沟通，能使他的成交率一直维持在很高的水平。他认为，销售就是解决客户的需求，认真听他们说，然后满足他们就可以了。就是这么简单。但很多人认为自己很了解别人的需求，然而事实上他们真的不了解，要不然为什么业绩上不来？

"建议购买"不要讲太多次

业务人员介绍完产品信息之后，再问一问客户还有没有其他要求。当客户基本上满意时，你应该马上以积极主动的态度建议客户购买下来，并主动大胆地简述购买会带来的好处和价值。

但是要注意的是：不要催促，只建议一次。

"建议购买"提的次数太多容易引起客户的反感，产生反效果。如果客户在听到第一次建议后没有动静，一定有其原因，此时，你要进一步去了解客户还有哪些顾虑或是新的想法。

比如你可以这样说："您觉得还有其他问题吗？""还需要了解哪些方面的讯息？"

如果是业务经验不够的人，根本不知道客户在想什么，只能单纯从对方讲出来的话语做粗浅的猜测。因此在给客户建议的时候，通常缺乏针对性，讲得牛头不对马嘴，显得自己很不专业，这样就很容易遭到客户的质疑。因此，与其准备周严、专业的话术，不如多和客户聊天，抽丝剥茧地了解客户真正的感受。帮助客户确认自己的需求，引导客户信任你所提供的建议及解决问题的方法。

请你跟我这样做

1. 帮客户挑选最适合他的东西。我们不是想卖东西给客户，而是客户有需要，我们帮他挑选最适合且物有所值的东西。

2. 客户回答时，要用心倾听，尽量不要打断对方，保持眼神接触，点头表示赞同。

3. 一次问一个问题，想清楚再问，避免给人连番轰炸的感觉。

业务力八：说服力

用自信与感恩，
说服奥客[①] 变贵客

> 乔·吉拉德这样说：嫌货才是买货人！客户有本能的反抗心理，与客户面谈的时候，首先要降低他的戒备心，才能更了解客户、话语更有说服力并赢得信任。这样就可以把客户的反抗和质疑转化为成交。

在拜访客户尝试进行沟通说明时，难免会有未预期的状况发生，这时，客户会说出一些莫名其妙的话，故意说这里不好、那里不对，嫌东嫌西，找出一大堆毛病，有时候甚至说出不想买的话，尽是拒绝、嫌弃和推托。

当我们因此心情低落时，老一辈的生意人会用一种看得很开，高度也很够的语气开导："没关系啦，嫌货就是买货人，这些嫌得越厉害的，才越是要买货的人。"没错，如果他们不在意，何必跟你说这些话。

---

①挑东拣西、乱讲价的客户。

　　客户之所以嫌弃你的产品，不正说明他对你的产品产生兴趣吗？客户有兴趣才会认真思考价值与供需，思考过后必然会提出更多的意见。这是事物发生的必然规律！如果客户对你的建议都无动于衷，甚至没有任何异议，不用猜，这个客户绝对没有一点购买欲望。追究下去，就会发现，这些嫌得厉害的，正是要买货的人。

嫌货人正是你的贵人

　　我年轻时刚投入业务工作，对老一辈生意人的说法很不以为然，但是经过一些事情后，我有了新的领悟，渐渐发现，事情真的如老一辈人所说，嫌货才是买货人。因为对方喜欢你的产品才会发现缺点，想杀价才会嫌东嫌西。也就是说，只有那些会嫌产品不好的人，才是内行人、买货人，如果我们对自己的产品有一定的了解和信心，就不怕人嫌。所以，有时候面对不明所以的质疑与反驳，千万不要感到灰心，反而要感激对方的"抬举"，更要拿出耐心以"物超所值"加"人性诉求"的策略，进一步说服对方，别把贵人错当成小人啦！

　　另一点要注意的是，在说服对方你的产品或服务"物超所值"的过程中，要保持镇定，了解原因，逐项举证说明，遇到困难时，更要懂得赶紧转弯、重新调整策略，转移到"人性诉求"后再攻坚。当然，耐心及热心绝对不能少。

应付四种嫌货人有方法

嫌货也是有层次的！在做生意"客户至上"的法则里，我们要谨慎地辨别跟对待情况欠佳、不好合作的客户，一般来说，他们分别是撒娇者、拓荒者、投机者和盗墓者。其中，投机者和盗墓者最令人恨之入骨。如何有效应付这四种类型的客户？分别说明如下：

一、撒娇者是第一种嫌货人。60％的女性消费者喜欢用撒娇的方式得到安抚，她们希望委屈能表达出来，能被慰藉和获得优惠。一种米养千万人，有些人很不好惹，有些撒娇者深信"付钱的是大爷"，表现出来的嘴脸不是很友善；有些人还"飙"一些脏话，说"不会做生意就不要做啊""我来购买不是来买气受的"之类的话；还有些人会威胁要去消费者协会告你之类的。不管如何，生意至上，你当然还是要尽心尽力珍惜这些撒娇者，和他们沟通！

正在气头上的人，是需要正面对待的。面对撒娇者，你可以用贴心手法来应付他们，譬如赞美一下，诚恳说一些好听的

话来取悦对方，主动送上一些小礼物，请他们别嫌弃了，这都是身为销售人员和服务人员基本的工作。

二、拓荒者是第二种嫌货人。这类型约占 30%，他们的特色是非常热心，表现得很"鸡婆"，可爱的是，他们都啰唆得很有建设性。因为喜欢你的产品又觉得你很实在，为了抒发自己的见解、情绪和想法，他们会说"别家都有这个这个，你们怎么都还是那个那个"，他们会一直唠叨个不停，还不时打断你说话，指出你产品的不好或是可以更好的地方。虽然他们很招人烦，但我们应该珍惜他们，因为他们是我们的"监察委员"。

三、投机者是第三种嫌货人。约占 15%，也是俗称的奥客。他们是"人性本贪"的信徒，脸皮"黑又厚"。特色就是"一级赖"，能跟你从早上赖到半夜，会提出超乎常情的低价或谈判条件，看你怎么接招与回应。这些人是坏人吗？不一定，这只是人性的一面而已。碰到这种奥客，你要善用沟通和谈判能力，把守住底线才是王道。

四、盗墓者是第四种嫌货人。约 5%的嫌货人属于挖坟盗墓者。盗墓者吃人不吐骨头，为了啃你的骨头，千方百计把你逼到死路。他们根本没有羞耻心，毫无人性，甚至为自己的阴险狡诈而扬扬得意。他们的必杀技之一是利用你的弱点和公司机制，安排陷阱让你跳下去，然后编造弥天谎言，大大杀价。

甚至在劳师动众胡闹一场之后，等着"收割你的人头"。被这种嫌货人盯上算你倒霉，万一遇到要赶快闪，闪不开也要保持安全距离，别做他们的生意，以免吃大亏。

找出感恩的三个理由

修行之人首重感恩之心，因此对于既有的一切要以感恩的心情来接受，以安于现实生活环境为基础，所谓"登高必自卑，行远必自迩"。

我们在商场活动中常常遇到许多嫌货人，但要懂得逆向思考，怀抱感恩的心情来面对，如此一来，奥客也能变贵客，损友也能变益友，敌人也能变贵人！

有一次，美国前总统罗斯福家中遭窃，被偷了许多东西，他的朋友闻讯后写信安慰他，劝他不必太在意。罗斯福马上给朋友写了一封回信："亲爱的朋友，谢谢你来信安慰我，我现在很平安，这一切要感谢上帝：第一要感谢，贼偷去的是我的东西，而没有伤害我的生命；第二要感谢，贼只偷去我部分东西，而不是全部；最后我还要感谢，也是最值得庆幸的是，做贼的是他，而不是我。"这个故事告诉我们，对任何一个人来说，发生意外绝对是不幸的事，然而罗斯福却能从中找出感恩

的三个理由，改写心情、面对失去。

我常告诉学生，如果想成为优秀的业务达人，该怎么样拥有业绩长虹以及充满兴奋、惊喜的人生，答案就在你的双唇间。只要你和客户交谈时能大声地告诉对方："感谢你给我一个机会！"这个魔法句有如万灵丹，保证可以让业绩不如意的人变成有钱人，让常常"碰壁"的人重获订单和令他满足的收入。

所以请从今天开始，持续七天，练习对你身边的人说"感谢"。养成新的习惯，七天后来验收成果吧！

掌握这个原则，一有机会就大声地说出来，到海边用力、大声地吼出这句话，对自己的朋友、家人轻声地说出这句话，也可在脑海中默念这句话，或是在你的心里面感觉到这句话的力量。记住，从今天开始，不管你去哪里，随时带着感恩的心情，让"感谢你给我一个机会"这句话散布在你的生活周围，很快你就可以运用这个魔法棒，解决对方的防卫、推辞，转化任何负面的情况，让自己到达一个新境界。

学习胡雪岩经营人脉的四个手段

做事业的人要知道，第一年靠专业知识，第二年靠技能、专业知识加人脉，第三年就完全靠人脉关系了。如果你奋斗了三年仍然没有成功，失败主因肯定是人脉关系不合格。

有道是"做官要学曾国藩，经商要学胡雪岩"。胡雪岩贫苦出身，没有机会多读书，他做生意初期虽然起起伏伏，却因善于经营人脉，靠着真诚、义气和诚信撼动人心，赢得许多贵人的帮助与提携，终于成为富甲天下的红顶商人，这成就与他庞大而牢固的人脉网络是分不开的。

红顶商人胡雪岩是经营人脉的典范，我非常佩服他经营人脉的四个手段，提供给大家参考：

一、在商场上办事要注重"情""义"二字。

二、多方交游，汲取他人智慧精华。

三、处世圆融，事功求全。

四、认清靠山的真假。

从以上的经营精髓，我学会在平时多交一些好朋友，且一定怀着真诚之心与朋友交往。乐于助人、多做公益，放低自己的身段，以和谐、谦卑的态度，学会跟他人相处，随时扩充自己身边人、事、物的"正向力"。因此，当我突然跌入困境或遇到麻烦、难题时，果然有一些贵人跑来帮我，不但帮我解决困难，还进而改变了我的命运。生命的精彩，在于拥有帮我们脱离困难的贵人。良好沟通需要心存善念，要明白"多个朋友多条路，多个冤家多道墙"。只要心存善念，一切都有改变的机会。

请你跟我这样做

1.遇到挑三拣四的客户，不要马上否定他的购买欲望，只要对自己的产品有信心，服务态度好，诚恳地讲解产品的价值，不怕比较，客户会心动的。

2.若客户嫌弃你的产品，不要太在乎他的批评，一点也不要生气，只要对自己的产品有信心，对客户心理有深刻洞察力，就可以扭转劣势。

3.请从现在开始，持续七天，练习对客户说"感谢你给我一个机会"并养成新的习惯，七天后，来验收成果吧！

业务力九：学习力

养成空杯心态，加强竞争力

> 乔·吉拉德这样说：我的生命就是要好好地学习。你永远不能对你现在的成就感到满足，永远要不断学习。

作为一名受过最残酷磨炼的业务人员，世界头号销售大师乔·吉拉德对如何从零起步，24 个月成为一名超级业务员，有着特别深刻的理解。他相信每一个人天生都有做销售的潜质，每一个人都可以成为一名超级业务员。乔·吉拉德在台湾的演讲中说，我们所要做的最重要的工作，就是学习如何激发和发挥销售潜质。所以学习力是不可或缺的一项能力。

业务人员的首要任务就是把东西卖出去，如果没有卖出去，产品就会变成库存，库存过多企业就准备"跑路"。业务人员还要有持续学习的能力，因为你销售出去的是产品或服务，只有持续学习才能建立长期的竞争优势，赢得长期的市场占有率，为自己赢得稳定的业绩。

要不断地学习，加强竞争力

由于客户有百种百样，不同的人关注的话题和内容是有差异的，要和他们打交道必须具备广博的知识，才能找到对方的兴趣和共同话题，才能谈得投机。因此，业务人员要广泛阅读各种书籍，无论什么样的书，只要有时间就要去阅读，必须养成不断学习的习惯。还得向你身边的人学习，不断向你的同事请教，养成学习的能力。

作为一个销售人员，必须具备不断向外界学习的欲望和能力，并且还要以最快的速度，将所学转化为行动力和能力，使学习变为能力、实力、竞争力。竞争力就是这样提升的。

培养学习力有方法

学习力帮你提升竞争力，帮你快速开启成交之门，增加绩效。我深信，有两种学习的方法对你的帮助最快，也最有效果。一种是从挫折中学习，另外一种则是向成功人士学习。

一、从挫折当中学习。处处留心皆学问。每一次的被拒绝、订单被抢走、客户投向竞争者以及不愉快的经历，都会带来等值的美好果实，等待着我们来发掘。

我曾经在大卫·福林曼特（David Freemantle）的演讲中听到一句令人激赏的名言："失败为获利之母。"

绝不要被"被客户拒绝、订单被抢走"所打败。当一个人遇到了困难或问题，千万不要因此产生挫败感。失败并不可耻，因为世上最可悲的，莫过于不敢去面对失败及承担责任。承认失败很难，但无法面对挫败的人，挫败将是他们未来的宿命。

每一位超级业务员都能勇于面对挫败，并且从失败之中汲取经验，也绝对不会被挫败所击倒、毁灭，他们勇敢承认自己的挫败，然后针对问题，检讨失败的原因，找到正确可行的成功方法，再往前走。

我从事业务工作前 40 天，灰头土脸，尝到一败再败的滋味，幸运的是，我并没有被打败，反而愈战愈勇，我一直动脑筋力求突破，要赢回面子和尊严。

我过去服务于数一数二的国际级企业，曾经销售一款高单价洗发水，由于产品质量良好，定价也相对提高。我们确信可以销售得很好，然而事与愿违，经过几次努力，销售结果却败绩连连，但是，我们并不服输，决定继续奋战下去。

于是，我们努力检讨失败的原因，发现主要的问题出现在"错误的通路配销"上。知过必改，我们马上改弦易辙，决定把这款洗发水从一般杂货店转移到超市、百货、美妆店销售。没多久，销售业绩急剧回升，不到半年的光景，就成为高价位

洗发水中的第一品牌了。

从这个事件中得到的启示是：即使失败也不能轻易向失败低头，同时要承认失败，从错误中找出可供学习的要点，并且试着去应用这些学习的经验，转败为胜。

每个人的一生都在挫败中不断地学习，任何失败中也都隐藏着成功的生机。爱迪生在未发明电灯之前，经过上千次的失败试验才找到钨丝，最终成功地发明了电灯泡。孙中山先生也历经了十次失败的革命，靠着坚持不懈的勇气，最终革命成功。

失败在成功来临之前，总是会不断地出现的。

一旦从挫败中掌握到学习的真谛，我们就会变成一把钥匙，随时开启珍贵的宝藏。这种谦卑学习的态度，正是我们步向成功的助力。

二、向成功人士学习。有句谚语说得好："宁愿与老鹰齐飞，绝不与火鸡觅食！"很显然，销售成功的最佳捷径就是向成功人士学习，虚心地向他们请教，汲取他们成功的经验，然后获得巨大的启迪力量。

我们周遭朋友的人格特质，都会为我们带来强烈的暗示性影响，所以，结交朋友不可不慎！通往成功顶峰的道路，可能由于交友不慎而崎岖不平；同样地，人生大道也可以因为结识良师益友而平坦易行。

　　我走入社会后就非常积极参与社团活动，在社团里认识了青年创业楷模李成家、吴思钟、赖孝义、施振荣等企业家。社团里都是超级业务员，还有不少杰出的专业经理人，如台湾氰胺总裁谷秀衡、万客隆总经理张宏嘉、台湾必治妥总经理刘文正等，他们都是我的好朋友，也是我工作上的良师，对我在人脉开拓以及事业发展上，都有相当深远的影响。

　　成功人士常常是社团中的重要成员，给你一个良心的建议，事先规划一下，在工作之余拨一些时间参与社团活动，勤于出席公益团体或社区活动等，保证会有很多意想不到的收获！

　　结论：学习者不一定是成功者，但成功者必然是擅长学习者。

　　李嘉诚，在年逾七旬之时，依然强迫自己每周读完三本书、十本杂志，让自己时时了解全球最新知识，跟上时代的脚步，至今依然如此。而对于身处瞬息万变的市场中的销售人员来说，掌握新知识、新趋势，了解社会动态、行业状况、客户最新情况，都是必须要做的。学习则是让销售人员了解外部世界、跟上客户步伐的最有效途径。

　　对于许多销售人员来说，营销生涯就像一场残酷的战斗，是一场不间断的、让人无喘息余地的追逐。在一次一次的胜利中间，夹杂着许多次拒绝和挫折，在喜悦、期待、得意与兴奋之中，往往夹杂着恐惧和失望。不论身处何种境况，也不论遇

到多少次挫折，对于超级业务员来说，他们拥有的学习力让他们始终相信：没有困难，只有暂时停止学习。

对于超级业务员来说，学习力是指这样一种能力——能够快速地汲取最新知识，运用最新的O2O①营销工具，了解社会发展趋势，了解当前客户购买心理，能够将学习到的知识与实际工作进行结合，让理论与实践水乳交融，发挥最强竞争力。

请你跟我这样做

1.利用空杯心态，"贪婪"地每周看完三本书。

2.学习内容和范畴是：产品方面的知识、销售技巧方面的知识、社会礼仪方面的知识、激励方面的内容、思维方面的内容等。

3.通过以下的形式去学习：自学法、课堂讲授法、分组讨论法、角色扮演法、脑力激荡法、个案研讨法、野外拓展法、座谈会法、业务对策法、个别辅导法、情景训练法等。

①Online-To-Offline的缩写，是指将线下的商务机会与互联网结合，让互联网成为线下交易的平台。

业务力十：感动营销

成为客户狂，
他们也会信任你

> 乔·吉拉德这样说：你销售的不是产品，你销售的是某一个问题的解决方案，你是在帮客户解决问题。找出问题、扩大问题，让客户想到问题的严重性，就会产生需求，于是你去激发他的渴望、提升客户的购买欲望，让客户知道有需要马上解决的问题。

近年来，由于美国经济衰退加上急速扩张店铺，以及其他咖啡店的廉价竞争，星巴克的经营遇到了瓶颈，营运走下坡路。星巴克全球总裁霍华·舒兹检讨发现，公司的方向出现严重偏差，星巴克逐渐变成主流商品而使品牌魅力消退。自动意式浓缩咖啡机让店里的原有气氛荡然无存，由于咖啡豆的密封包装，有些店里甚至闻不到现磨咖啡的香气。舒兹发现他们对咖啡处理的态度已转向，客户感动不起来了，因此，他决定找回客户对品牌的认同。

星巴克利用感动营销力挽狂澜

舒兹为了再次强化感动营销的品质，重拾咖啡师的服务意识，要求全美国的星巴克举行一场浴火重生的培训，让员工精进自己意式浓缩咖啡的冲煮技术。据了解，在这场培训中，每个员工都要用心完成每一个步骤，专注每一个细节，从咖啡杯的选择、咖啡色泽的检查、打出奶泡的时机，到递交给客户的心情，舒兹要让每一杯咖啡都成为调理的艺术品。通过这次变革，星巴克又回到那个重视感动营销以及文化体验的黄金时代。

星巴克的觉醒与改变全系于客户的感受。竞争对手可以花大价钱买最好的咖啡豆、用最优质的研磨机器，但那些都只是工具。从营销的角度来看，有形的东西都可以复制，唯有具备"用心、热心"的关怀意识，才能真正感动客户，成为最后胜出的关键。

不错！这是一个感性消费的时代，每一口咖啡都可以是一种心情的对话，它的魔力不在咖啡本身，而在那个空间所营造出来的特殊感受，这就是感性消费。

让营销深植于人心

我在演讲培训业界摸爬滚打这么多年，经历过不少挫折，走到今天，客户的好口碑、朋友的相挺、众人的口耳宣传一直都是我的精神支柱。当然，我一直秉持我的真心诚意，以推陈出新的质量和无微不至的服务去感动客户，才能有小小的成绩。

"以人为本"是营销的根本，不只满足客户，让客户感动才是最好的境界。

提供最佳的质量、诚信，或者哪怕一个小小的细节、一句打动消费者的短短话语，让营销深植于人心，让客户感动，同时用你的真心服务对方。只要你不让对方感到做作，下次他会不到你这里消费吗？

因此，我们要珍惜每一个建立关系的机会，强调态度、速度和细度的管理哲学，提供各种精致周到的服务并以同理心相待，建立点点滴滴的服务与信赖，这样，客户自然会继续光顾你的生意，变成你的推广大使，免费替你宣传。

要发展出感动营销，首先要在心理上真心爱上客户，因为客户是衣食父母，要打动他们的心，就要先爱上他们，并成为"客户狂"。了解和满足客户的真实需求，天下没有不掏钱的客户。

要做好感动营销，先了解真实的需求

乔·吉拉德说：好好提高你的五官感觉去进行"体验营销"，并学习老一辈做生意的待客之道，这就是他们赚钱的秘诀，虽然他们没有在学校里学过营销！

感动营销成功的关键，在于了解客户的真实需求，有针对性地满足客户的真实需求，感动客户。如何了解客户的真实需求？有六个步骤：

一、要了解客户需求，先了解客户背景。了解客户的背景，可以经由以下途径：

1. 判断客户的职业。客户一进门，你就要眼观六路耳听八方，通过观察，大致判断出客户的身份是商人、学生、公务员、工人、家庭主妇还是退休人员，以便"见人说人话，见鬼说鬼话"，让"人鬼"都爱听。

2. 判断购买能力。根据客户的穿着、打扮、发型、肤色、气质等，判断出对方的经济条件，根据客户的经济能力推荐不同的产品。

3. 判断客户的购买意向。了解对方是有意购买或是随便走走看看，以便分配你的精力，把有限的时间投向有意购买的客户。

4. 判断客户的角色。了解对方是个人使用、为家人购买还是为友人购买，推荐要因人而异，有的放矢。你可以通过客户的随身物品、言谈举止、穿着打扮、神态表情、肢体语言，逐步观察以了解他的需求。

二、通过询问、聆听和思考，来了解客户需求。首先，可以经由询问来了解客户的需求，询问一定要结合产品卖点，而且最好是针对你们产品所独有、别无分店的卖点询问。各个品牌都有的功能或者不如别家强大的功能，你就别询问。其次是聆听，在交流中，聆听比说话重要得多，只有通过有效的聆听，你才能了解客户的真实想法、需求和意图，才能让你说的话有说服力。最好就像听父母、领导、老师讲话一样专注，向对方传递一种"我很想听你说话，我尊重和关注你"的讯息。还有，不要打断客户讲话，要适时给予适当的鼓励和恭维。

这样，客户会告诉你更多。你在与客户沟通的时候，要通过客户说的话进行思考，来了解客户的需求。

由于客户对产品知识的了解有限，可能无法准确讲出他们的需求，这种情况下，你应根据所观察到的线索和客户的言语，来确定客户的需求。有些时候，客户所表述的要求不一定是客户真正的需求，你一定要根据观察和聆听来思考，逐步了解客户真正的意图。

三、搞清楚客户购买行为的"5W"和"1H"。在当今市

场上，要进行有效的销售活动，必须搞清楚客户购买行为的"5W"和"1H"，就是"什么事"（What）、"谁"（Who）、"哪里"（Where）、"何时"（When）、"为什么"（Why）和"如何"（How）。

四、要了解客户希望得到什么体验。一个销售方案是否成功，在于是否满足客户的需求，说服时，你的每一句话都要让客户感动才行。要持续创造业绩，最重要的是如何快速洞悉客户的需求，并先想清楚你的客户会希望获得何种体验。

五、要帮助客户了解他的需求。对超级业务员来说，价格绝对不是造就优异业绩的制胜关键，真正的关键在于他们很了解客户的需求价位，让客户看到 CP 值[①]最高的产品。他们提供平实而中肯的产品信息与各种辅助建议，最后让客户有时间静思他们要什么，让他们自己决定，永远都做利人利己的事情。

六、找出客户的问题，然后去扩大这个问题。扩大问题的严重性，客户联想到这个问题的严重性之后，就会产生强烈的需求，然后你去激发他们的渴望、提升他们的渴望，让客户知道他们有多么需要马上解决这个问题。

了解客户的真实需求后，接下来就要帮助客户得其所欲，让客户喜欢你，产生感谢和感动的情绪，让客户信赖你和爱上

---

①即性价比，英文全称为 Cost Performance Ratio。

你推荐的产品或者服务。

结论：**打动客户的心，增加客户的信任感。**

当今的竞争，不只是产品价格、品牌和质量的竞争，还要加上人的竞争，也就是"服务水平、服务速度、服务内容"的竞争。如何进行感动营销，让客户信赖你的公司，喜爱你推荐的产品或者服务，正是你应该全力以赴去解决的问题。

在销售中进行感动营销，要先爱上客户，然后确认他们的需求，帮助他们得其所欲；打动他们的心，让对方感受到你的真诚，这样才可以增加客户对你的信任感和满意度，赢得良好的口碑。

请你跟我这样做

1. 先通过询问、聆听和思考，来了解客户需求，再进行感动营销。

2. 任何品牌都可以进行感动营销，如果你的产品与生活消费有关，最有效。

3. 服务水平要竞争，业务要进行服务速度和服务内容的竞争。

第 **2** 章
心态决定你的业绩

业务力十一：心态

相信客户会买单，
订单就会源源不绝

> 乔·吉拉德这样说：乐观会激发出更多的信心，你的正面心态会显现出来，经济低迷时，若没有乐观的性格，事情很难顺利。

一个永远朝着自己目标前进的人，整个世界都会为他让路。反之，失败不是因为缺乏实力和机会，而是因为我们很容易被环境所左右，习惯于随波逐流、缺乏主见，心态不稳定是容易受挫折和退下阵仗的主要原因。

沟通技巧重要，谈判技巧重要，但心态更重要。

社会新鲜人若有意投身业务工作，必须对你即将投入的产业非常感兴趣。爱学习，重诚信，懂得察言观色，有沟通能力，更重要的是，要保持乐观的态度迎战一切，才有机会成为超级业务员。

我们都知道心态决定一切，我认为其中"乐观以待"的心理素质特别具有关键效果。因为，若遇到重重问题，他们都能因"好事情"马上会出现的心态而愿意撑到最后一秒,一定能轻轻松松谈到一笔生意。

对于需要大量沟通技巧的业务来说,尽管业务员深谙产品知识、专业知识,也具备炉火纯青的说服力,但为何业绩老是乏善可陈?原因很多,其中一个原因可能是他们少了些乐观的性格和积极的作为,如果一开始就打从心里不相信面前这小气巴拉的家伙,或"恶名昭彰"的奥客会购买或购买很多产品,那么就算有再好的产品都推销不出去。

"回想成功经验"是一种乐观的养成法

一位知名演说家说:"乐观是什么?乐观就是转换心情,走出不愉快的阴霾,并寄望于明天,尽全力在今天!"

还记得刚做业务头半年,每天不断遇到想象不到的拒绝和批评,心情很沮丧,我相信这是所有业务工作者的共同难题。当时我不懂得放松自己,没有进行什么自我催眠,也没有跑到海边大吼几声,更没有呼朋引伴去夜店喝一杯小酒以排除负面的情绪。当时我只试着想一想过去拿下业务冠军奖杯的成绩。我以这样的方法度过了三个月,我发现"回想成功经验"是一种乐观的养成法,能简单地帮我去除悲观的情绪,让我以积极

心态处理他人的拒绝和批评，最终赢得好成绩。

我从这个实战经验当中发现，一个销售人员最重要的特质就是乐观。乐观就像救生圈一样，当你快要沉到海底时，若能抓住这个救生圈，你就能继续漂浮着。

没有乐观的性格，事事难顺利

有一则逸事这样说：乾隆年间，有位举人进京考科举，已经两次都没上榜，这回再次赶到京城，住进一家悦来客栈。考试前三天，他做了三个梦：第一个梦是自己在墙上种白菜；第二个梦是下雨天，他戴了斗笠还打伞；第三个梦是跟心爱的表妹脱光了衣服躺在一起，但是背靠着背。

这三个梦似乎有些深意，举人醒过来之后，赶紧去找算命先生解梦。算命先生一听，连拍大腿说："你还是放弃吧！你想想，高墙上种菜不是白费劲吗？戴斗笠打雨伞不是'多此一举'吗？跟表妹都脱光了躺在一张床上了，却背靠背，不是没戏唱吗？"

举人听了后，感到心灰意冷，立即回客栈收拾包袱，准备打道回府。

客栈老板见状后非常讶异，问他说："不是明天才考试吗？怎么你今天就回乡了？"举人把做梦、解梦的事情叙述了一番，没想到店老板听了兴高采烈地说："哟！我可是解梦高手。我倒觉得，你这次一定要留下来。你想想，在墙上种菜，不是'高中'吗？戴斗笠打伞，不是说明你这次'冠上加冠'吗？跟你表妹脱光了，背靠背躺在床上，不是说明你'翻身'的时候就要到了吗？"

此番话让举人振奋不已，于是精神抖擞地参加考试，果然中了个探花。

这则逸事告诉我们，很多时候，我们不是输给竞争对手，而是输给了自己。在与竞争对手一争高下时，我们提供的企划书、解决方案和综合实力并不是没有赢的希望，但往往由于悲观的心态，自己先把自己打败了。

因此，无论在哪个领域竞争，如果没有乐观的性格，很难有好成绩。因为有乐观的性格，就不会因稍微领先一步的成绩而得意忘形，也不会因为遇到挫折、困难而悲观、绝望；不会因为客户的无端拒绝而垂头丧气，也不会因为没有完成任务而怨天尤人。

"忘却困境的人，才能渐入佳境！"有时沟通是一个缓慢而需要协调的过程。悲观是一种消极颓废的性格和心境，想想看，如果你预先抱持着悲观的心态，就会容易陷入悲伤、烦恼、痛苦之中，而在困难面前一筹莫展，进而放弃。如果用这

样的心态去与人沟通，很容易得到负面的结果。情绪是具有感染力的，乐观和悲观都是一种心灵的力量，每个人都可以自由选择让自己成为一个乐观或是悲观的人。

抓住沟通时的"救生圈"

以下六个"魔法"真的很神奇，它们能帮助你达到事半功倍的沟通效果。你不必同时采用，只要从中挑选几项你觉得适合的即可。要成为一个拥有乐观"救生圈"的人，在面对拒绝和挫折时，要相信这只是暂时的，并非永无生机，更重要的是，这跟个人的成败一点关系都没有，千万不要怨天尤人。有点像是"吸引力"法则，只要你相信好事一定会发生，不但心情会轻松许多，而且成功看起来也不会远在外星球上。

一、**想象状况会变得越来越好**。碰到沟通不良的状况，要假想它对未来影响不大，只是暂时性、局部性的问题，而且一定有解决的方法。这样一来，就很容易找到有效沟通的正面途径！

二、**告诉自己：其实没这么糟**！虽然沟通不顺利的情况已经发生，但告诉自己它不像你想的那么糟糕。这方法听起来有点老土，但还蛮管用的！

三、马上检讨失败的原因，改变沟通的方法。碰到失意和挫折时，应尽快检讨失败的原因并找到问题所在，改变沟通的对象、地点、内容和方式，不能固执己见地继续沟通下去，或是以无所谓的态度从一个失败走向另一个失败。

四、盘算一下自己的福气。遇到问题或陷入绝境时，千万不要去纠结自己不如意的地方，而要反过来感恩地检讨，这样，反而能从中找到机会、看到希望、找到解决的方法。

五、改变你的习惯用语。不要说："真倒霉！又被拒绝了！"而要说："好运马上就要到了！"

不要说："他们怎么能说价格太贵，没诚意！"而要说："我知道该怎么处理了！"

六、确信否极泰来。相信凡事到低潮之后一定会反弹，再现高潮，确信会否极泰来，事事都有峰回路转的可能。尽量采用正面诠释，能帮助我们迅速从失败中站起来。

乐观开朗的心态，需要反复地学习与操练

乐观开朗的心态需要长期不懈地学习，它就像一种熟练的技艺，手到自然心到，很快就会成为习惯。就像打高尔夫球一样，你可能在某个时刻打了一两杆好球，便以为自己懂了这项

运动，但在下一个时刻，你可能连球都击不中呢！因此，我们需要借由每一次失败来随时地学习，以克服自己的悲观习惯，将自己调整为正向的思维方式。

结语：经常保持乐观以待的心态。

有人说："命好不如心态好！"是的，乐观就是一种好心态。做销售，不管外在情况多险峻，只要我们一直保持乐观以待的心态，使它成为一种"打开心灵之门、增进业绩智能"的好习惯，订单一定会涌过来！

永远要记住，挫折是老天给我们最珍贵的礼物，而乐观正是打开礼物盒的那一把钥匙。

请你跟我这样做

1. 只要改变对情境的想象方式，就可能改变你的心情、沟通技巧、解决方法和绩效。

2. 拥有乐观"救生圈"，让自己永远能浮起来，求新求变。同时也要小心别过度自我膨胀。

3. 培养一定的"韧性"，在遭遇挫折后还可以让自己强韧地重新站起来。

业务力十二：自信心

自信，
是通向销售巅峰的天梯

> 乔·吉拉德这样说：昨天，是张作废的支票；明天，是尚未兑现的期票；只有今天，才是现金，才有流通的价值。当你建立自己的信心时，不能老想着"以后再做"，因为根本没有明天这回事。

话说，有一户人家准备在院子中挖一口井，这家大少爷看到工人正努力开凿，心想："挖井会不会破坏祖宅风水？怎么不先请风水先生来看一下呢？而且凿井成功后，危险重重！几年后我成婚，生了孩子，小孩子一定会很喜欢在院子里玩，这口井这么深，万一孩子不小心跌下去，没人看到，那该怎么办？我不知道未来会怎样，不知道还能不能安安心心过日子！……"这个大少爷越想越担心，越想越郁闷，越想越害怕，结果，井都还没挖好，他就担忧过度而一病不起了！

担忧过头难成大事

担忧在营销业务工作中，还真是屡见不鲜！

有些业务员为业绩担忧，有些为生存而担忧，有些为外表担忧，有些为急欲讨好身边的每一个人而担忧。

很多时候担忧过了头，只是把事情想得太多、太过、太复杂，这是没有自信的表现。担忧成了信心的病毒，弄得千斤重担在心头，不但达不到预期成果，反而徒增压力和烦恼。

任何业务员都应该有自信心，不然就是奴才。但是，自信并不是自满。

自信，是助你摆脱担忧的解药

如果不顺利时，有一把梯子可以让你踩着不顺的事物往上爬，那该有多好！一旦遇到不如意的事，心念一转，瞬间转念，就可以少一点担忧，减轻一点负担，这样就有机会施展出自身无穷的力量，找到解决的方法，过着正面、幸运和快乐的好日子。

许多人在 Facebook 上向我请教："如何把业务工作做好？如何才能培养一流的业务人才？"其实，业务工作要做得好，观念和技巧都可以通过训练养成，最难的在于心态上树立自信。

做业务一点都不难，但一定要有自信。能够提升销售力的唯有自信，业务人员要推销给客户的第一样东西就是自信。除非出于同情，不然没有人愿意把生意交给弱者，大家都会选择能干而有自信的人。

怎么样才会有自信？当你要上台演讲，如果你事先没有认真准备，再胆大自信的人也不敢认为自己一定能表现得好，更何况是没自信的、胆小退缩的人呢？因此，凡事做好充分的准备就能建立自信。

简单来说，任何事情都不要往坏处想，多从正面角度去思考，做好充分的准备就能建立自信。

乔·吉拉德这样消除恐惧建立自信

销售之神乔·吉拉德说："今天，决定你明天会成为一个什么样的你。所以你要立即行动，将害怕、怯懦的思想从心中永远除去。"乔·吉拉德曾经运用几种方法帮助自己消除恐惧，增加自信和勇气，他认为这些方法也会帮得上你。

一、相信自己。告诉自己："我能做得到！"把这句话

写在你浴室的镜子上，每天大声喊上几遍，让它们浸入你的心灵。

二、结交乐观自信的人。这样的人能带给你积极向上的奋斗动力，无论任何时候你都不要畏惧失败。

三、坚定信心。自信会让你产生更大更强的信心，这种力量能促使你走向成功。

四、主宰自己。汽车大王亨利·福特曾说，所有对自己有信心的人，他们的勇气都来自面对自己的恐惧而非逃避。你也必须学会这样，坦诚面对你的自我挑战，主宰你自己。

五、勤奋工作。无论你从事什么工作，要想有所作为，只有踏实勤奋才能向成功靠拢。

乔·吉拉德说："如果你要受人欢迎，那你必须具有绝对的自信，这一点非常重要。信心使人产生勇气。假使我们对自己没有信心，世界上还有谁会对我们有信心呢？"是的，你对自己都没有信心，客户自然对你也没有信心，客户怎么敢向你下订单？因此，你应处处表现出自信，展现你的美德。

自信是一种正向思考

自信是一把梯子，是一种正向思考，相信自己的优势、强项与潜力可以创造高期望的情绪，让自己的潜能越爬越高，并让快乐指数一直向上攀升。如果能创造正面的期望，就会制造出正面的结果。

要找出天赋所在并养成后天的生存能力，后续的成功则在于自信——相信自己能够获胜。特别是在艰困的时候，需要付出更多努力，以负责、合作、创新和奋战不懈的精神，坚持到底，创造胜利的纪录。

也就是说，缺乏自信并不是因为出现了困难，相反，出现困难是因为缺乏自信。面对问题或遇到麻烦时，如果能保持头脑冷静，就能让你的奋斗指数愈来愈高，激发正面的行为，更有可能胜利。

增加自信的五条途径

在竞争残酷的商业社会中，没有自信等于没有竞争力！

在职场上无法如鱼得水或鲤跃龙门的人，除了缺乏方向感之外，缺乏自信也是重要的原因！缺乏自信，会对现实和未来抱持悲观的想法，同时也缺乏勇气去面对残酷竞争的现实，因此无法在工作中感受到面对挑战的兴奋和克服困难的满足。

以下是增加业务人员自信的五条途径：

一、赶走让你失去自信的人。自信是态度而不是个性，怎么培养全靠你自己。天生我材必有用，你总有一项比别人强的本事，可以让人觉得你可靠；同时，你要随时随地激励自己，不被别人的意见牵着走，就可以增加自信。如果周遭有个老是想打击你的人，请尽快远离他！

二、没人能给你自信，但没人帮也得不到自信。多跟成功者、乐观的人、积极的人接近，这对自信的建立，绝对有帮助。美国著名心理治疗师巴顿·戈德史密斯（Barton Goldsmith）博士指出，如果父母没让你有自信，你得自己找心灵导师；接纳别人的想法，不会让你没面子。

做一点好事，你会赚到很多朋友，当你让朋友得到启发时，记住那一刻。你应该参加一些有益的社团，最好干脆组一群人来支持你。

三、生生不息地持续学习。不断学习，与时俱进自然会让你更有自信，创造正向的力量！缺乏自信可能是因为懂得不够多，持续学习、多元化学习是值得投资时间及精力的！保持谦卑，保持持续学习的心态和作风，是增加一个人自信的重要动力。

四、好好疼惜自己、喜欢自己、肯定自己。对大部分人来说，有没有自信很大程度上取决于自己。你宝贵的时间要用在想"机会"，不是想"失败"上；要有勇气去挑战任何的比赛、竞争，既要赢得第一名，也要享受过程。你知道自己还不够好，但你得好好疼惜自己、喜欢自己，设法找出突围的方法，如果一开始就对自己不够好，你会寸步难行。

不断地自我鼓励、自我肯定，就能拥有一定程度的自信。反之，做事畏首畏尾，自信就会越来越差。

五、调整你的身体语言。你只要面带微笑、身体向前倾、友善地握手、目光对视、点头，给人的印象亲切、随和，效果肯定立竿见影，马上变得胆大、自信。

自信是对自己的胜利预言

一个满怀自信和决心的人，赢过一万个胆怯畏缩的人。自信是路，是桥，是通向销售巅峰的天梯！自信是信念，是力量，是成功的标志！

总之，对自己一定要有相当程度的自信，只要了解这一点、洞察这一点，你就站在了销售巅峰的入口处，已经置身在成功的起跑线了。这样一来，你会让一切工作上轨道、更上一层楼，业绩长虹就轻松容易了，祝贺我们自己，为我们自己欢呼吧！

请你跟我这样做

1. 运用"肯定自己"的方式将自信输入潜意识，如："我喜欢帮助人们做出购买决策。"

2. 对自己所要销售的产品有完全的认识，这样，沟通解说起来就不会心虚，而会自信满满！

3. 每天工作开始的时候，都要鼓励自己："我是最优秀的！我是最棒的！"

业务力十三：行动力

立即向客户
要求下订单

> 乔·吉拉德这样说：我一定会让你买我的产品，因为我一直在行动！

有两位和尚大谈抱负。甲和尚问乙和尚："要不要跟我一起去西天取经？"

乙和尚不可置信地问甲和尚："西天的路途那么遥远，你又没钱，打算用什么方法前往呢？"

甲和尚说："我计划用苦行的方式，也就是靠着自己的一双腿，两只手捧着一个钵，沿路化缘前往。"

乙和尚听完之后，颇为不屑地说："这几年来，我一直想买一辆马车、四匹骏马到西天取经，却都因为事情牵绊未能成行，你身无分文，只靠着两条腿，又如何能到达西天呢？要去，你就自己去吧！"

三年后，甲和尚顺利从西天取经回来，他去找乙和尚，并分享他取经的经过和心得。乙和尚听了以后，惭愧得面红耳赤

又感动莫名！

由此看来，成功的人与那些蹉跎人生的人的最大区别就是——办事言出即行，马上行动！

想得好、计划得好都是聪明，但做得好才是最聪明

如果想做，就二话不说立即行动；想停止，就不要再犹豫不决，马上停止！

商业世界中的业绩，是把专业知识转换成行动所创造出来的，光有专业知识没有行动，是无法产生绩效的。超级业务员绝不会是"语言的巨人，行动的侏儒"，一般都是行动家，不是空想家。每一个做业务赚大钱的人都是实战派，绝非理论派。

我年轻时就发现个中道理，于是我承诺自己，只要想到有可行的机会绝不推托，一定要立即行动，并养成立即行动的好习惯。从这以后，无论做什么事，我都开始一步步走向成功。

培养开口向客户要求成交的勇气

我刚开始做业务时，每次拜访客户都热情无比、充满干

劲地向客户介绍产品，为他们解说产品的所有信息。但是等到产品介绍完毕，我反而会迟疑地问对方："请问，您觉得合用吗？"这时对方总是回答："把资料留下来，我再考虑看看！有需要再跟你联络！"

起初，我信以为真，以为回到办公室将会电话响彻云霄，但我却永远等不到客户打电话来。几次之后，我才发现，所谓的"我再考虑看看"真正的意思其实是"再见，我想我们永远不必再见面了"。我恍然大悟，原来我失败的原因跟我卖的产品、价格、市场需求，甚至竞争对手都没有关系。原因出在我自己身上，因为我从来不敢主动要求客户下单。

有一天，我觉得自己真的受够了！当我又听到客户对我说："我再考虑看看，你过几天再打给我吧！"这次我不再像过去那样委曲求全、接受客户的借口后乖乖回去，我突然讲出了一句改变一生的话。

我自信地说："很抱歉！可能没办法。"

"你说什么？"对方显得有点惊讶，"你没办法？"

我直截了当地说："是的，该让你知道的信息，我已经一五一十解释清楚了，为什么你不干脆现在就买呢？"

他看看我，再看看手中那本简介，最后抬起头来说："好吧！那我就买了。"他当场在订单上签名，付了订金，然后谢谢我来拜访他。

我走出大门时，手里握着订单，整个人像气球一样轻飘飘的，我告诉自己："我终于不怕开口，采取了正确的行动，业绩终于有突破了。"

多年的业务经验告诉我，成功不是靠别人的帮助，也不是靠机会的垂青，而是靠自己实实在在的行动。如果你想真正拥有"日进斗金"的能力，除了必须学会关键的销售技巧和心理学，最重要的是——学会怎么要求客户下单、成交买卖。

我们都知道任何美丽的蓝图，如果不动手构筑，终究无法变成美丽的实景。

"心动"会燃放热情，"马上行动"才会心想事成。任何丰功伟业，如果不"采取正确的行动，付诸实践"，它还是不起眼的小事一桩啊！

业务成果和登门拜访的次数成正比

如果你要赢得更佳的业务成果，必须增加你的访问次数才行。至于访问次数应该多少才算达到标准呢？这要根据商品类别、跑业务的方式、客户的状况等决定，无法一概而论。

同时，你每天必须付出两个小时的洽谈时间。基本时间为两个小时，这是一般的统计数字，是所有业务人员每天的平均洽谈时间。因此，标准的拜访次数，就是切实掌握一天两个小时的洽谈时间。

再具体一点说，如果平均洽谈时间是每次 15 分钟，那么一天就是 8 次；每次平均 30 分钟的话，就是 4 次。

养成立即行动力

专家建议：想做，就马上行动，想停止就立即停止，无须勉为其难、咬牙硬撑，也能达到最后目标！

纵使在行动中屡屡遭受挫折，也无须气馁，只要你有立即行动力，就算再大的困难，也难不倒你。

机遇和成功只垂青马上行动的人，只有勇敢采取行动，才能在关键时刻顶上去，甚至有机会因此崭露头角。

搬开成功路上的绊脚石

不要受制于人，Do It Now！（立即行动！）如果你因为恐惧感而裹足不前，你可以利用以下三个方法，精准掌握当下，比任何人都早一点采取正确的行动。只要能做到这三项，

保证你从此咸鱼翻身，变成超级业务员。

一、做自己的啦啦队长，不断激励自己。一切的一切都毫无意义，除非我们能比其他人早一点付诸行动。最重要的是，学会怎么要求客户下单、成交买卖。

要克服裹足不前的恐惧，就要先做自己的啦啦队长。无论何时，当"立即行动"这个警句从你的意识闪现，你就该立即行动，开口要求客户下单。从今往后，你要一遍又一遍时时重复"立即行动！立即行动！立即行动！"直到成为习惯。好比呼吸一般、好比眨眼一样，让它成为本能。这可以更坚定你的意念，帮助你快速地把日积月累的拖延坏习惯连根拔除。

二、抛弃完美主义，不怕开口要求客户下单。开始行动的最佳时间也许是后天，不，其实就是现在——此时此刻。

如果等到相关条件都完美了才开始行动，可能会错过好时机，甚至让竞争者乘虚而入。你若想等条件都完美了才开始行动，很可能永远都不会开始。现实世界中没有完美的开始时间，因此，你必须在问题出现时马上面对它，看到机会出现在眼前，马上勇敢采取行动，并把它们处理好。

三、明天或下周的事情，还没到来就不要多想。如果你过多地思考过去或将来，那么你将一事无成。行动会驱逐猛狮般的恐惧，减缓为蚂蚁般的平静。请把注意力集中在你目前可以做的事情上，同时，不要去烦恼之前什么事没有做好，也不要

去考虑明天客户会不会主动把订单送到你手上。只有现在才是
你可以主宰的，好好掌握当下机会，如果不开口要求订单，怎
会有好结果？

行动就是废话少一点，做就对了！

现实是此岸，理想是彼岸，中间隔着湍急的河流，行动则
是架在河上的桥梁。行动就是废话少一点、借口也少一点，做
就对了！

记住，心动的想法本身不能带来成功。想法很重要，心动
也很重要，但是它只有在被执行后才有价值。心动不如马上行
动，有这么多精彩的机会、幸福及财富在等着你，可别让人生
美好的时光留白！

请你跟我这样做

1. 舍弃裹足不前的一些借口，马上改掉"光说不练、光想不做"的习性，抢得先机，行动力就是你的超能力！

2. 坚持"今日事，今日毕"，不然不睡觉。

3. 有时不要想太多，只要具备"高速、强猛、有效"的行动力，勇往直前去做就对了。

业务力十四：诚实

诚实是最好、最猛、最持久的销售战略

> 乔·吉拉德这样说：在以前还是个初出茅庐的推销新手时，我就总是尽最大努力地说真话，有什么说什么，是什么说什么，且引以为豪！

如果你问客户，为什么会点头买下你销售的产品，80%的人会告诉你："你看起来很实在啊！我觉得你很老实，你值得信赖，我信任你说的每一句话！"

我初从事"大客户销售"工作时，对于如何"一次成交"的魔力相当好奇，于是，向一位前辈请教。他毫不保留地指导我，他带着真诚的眼神，微笑着说："这不是天大的秘密，'一次成交'最基本的秘诀在于绝对诚实，赢得客户最大的信赖。"他是一位顶尖高手，我非常佩服和景仰他，我马上学到了他教我要赢得客户信赖的黄金法则——诚实坦白的方法最安全、最管用。我听了之后，即知即行，确实去做。"诚实能使万事如意"果真十分灵验，业绩突飞猛进，直线上升，而且

屡破公司的最高纪录。

诚实本身是最好的销售策略，也是最威猛的竞争优势，你是不是可以拿到订单，或者客户会不会继续光顾，全看客户对你的信赖程度。

在一次新人训练课程中，乔·吉拉德在对新进伙伴们分享他独占鳌头的关键时说："诚实，让我成为全球第一名的推销员。每次推销，我总是坦白地告诉客户：'我不只是站在车子后面，我更能理直气壮站在每部我推销的车子前面，我会一五一十告诉你这些车子所有的一切，绝不会有任何的隐瞒，请相信我！'大家一定要相信，没有任何销售技巧可以取代诚实的地位。"

没有任何销售技巧可以取代诚实的地位

无独有偶，有一回，金革唱片总经理陈建育应邀到台湾成功大学演讲，主题是："如何在30岁以前培养竞争力？"有位学生请教他："一个成功的推销员，要怎样让人觉得他很好、很能感动客户，并且觉得他讲的话非常有道理，要怎么样才能成功推销自己呢？"

陈建育答复说："以前我常常告诉员工，诚实是无敌的，业务人员说话一定要很诚实。我跟客户开价一定是最诚实的价钱，早期业务人员有所谓的赚外快，例如这个东西是 500 元，我们开价 650 元好让客户杀价，并告诉他 650 元已经很便宜，然后再找机会给客户降一点价格，客户就会买单。可是实际到公司报账只要报 500 元，其他多出来的就是业务员的外快。可是我从来不做这种事情，因为我卖的就是公司的底价，有很多客户都是主动找我买东西，所以我说诚实很重要。"

"我很喜欢帮客户做售后服务，因为我希望他们买了我的东西后一定要使用，所以，我每天回家就会打电话给我的客户，问：'你用了没？'有时客户会很害怕，他们回我说：'会去用。'并且叫我不要每天打电话来，后来那些客户都变成我的忠实客户，还常常帮我介绍新客户。有一段时间，我早上都还没出门就有四五通电话打来要跟我买东西。别的业务员跑了两三天，跑不到四五个客户，我一天还没出门就有四五个客户。所以说，诚实是无敌的。"陈建育微笑自信地补充说道。

诚实是无敌的！每次面对客户，你非做不可的就是让自己成为"客户最信赖"的业务人员。要如何做到这一点呢？我给你一个最好的建议："永远'赤裸裸'地站在客户面前，百分百地'诚实'面对客户！"

诚实有最强的说服力

以前，我销售过世界知名的舒适牌（Schick）剃须刀，我从中学到的一堂做业务的必胜关键课，就是"做不到的事情，就要勇敢说做不到"！

舒适牌剃须刀是世界名牌，价格比同行业高出许多，因此，一些进货商喜欢"杀价"。面对进货商的降价要求，业务人员多少会退让，依一般市场行情给一点折扣。但我一向遵照公司规定的价格，从不降价，因为公司产品质量特优，又一直有广告促销，所以能一直热卖，进货商一定会赚钱。

当时台北市有位倚老卖老的资深进货商，和我周旋价格五次，我从一开始态度就非常坚定，任他好说歹说，坚持无法降价。有一天，这位进货商突然下了一笔大订单，他说，他已充分了解我无法降价的原因，因此决定以其他方式来降低成本。

因此我认为，业务员要有说"不"的勇气，唯有信心十足地以理说明，使客户口服心服，才能和客户保持长久关系。

乔·吉拉德相信"诚为上策"，这是你所能遵循的最佳策略。可是策略并非法律或规定，它只是你在工作中用来追求最大利益的工具。因此，诚实就有程度的问题。推销过程中有时需要说实话，一是一、二是二。说实话往往对推销员有好处，尤其是客户事后可以查证的事。

诚实是一种极为难得的特质

莎士比亚说得好："宝石虽落在泥土里，但仍是宝石；沙砾虽被吹到天空中，却还是沙砾。"

你想要赢得客户百分之百的信赖，首先就得在言行举止上，处处表现出诚实的特质，因此我建议你：

一、不要夸大产品的功能、效能和好处。

二、不要刻意欺骗客户，一次都不能骗。

三、不要说一些自认无伤大雅的小谎。

四、不要要求别人替你圆谎。

乔·吉拉德教你展现诚实的形象

至于要如何在客户面前展现诚实的形象，乔·吉拉德有一套方案非常有效，值得学习，以下就是他培养自己凡事诚实的特质及建立诚实形象的三个方法：

一、**要对自己忠实。**相信每个人都明白一句推销名言："在向客户推销自己之前，一定要先把自己推销给自己。"所以，你在对客户诚实之前，就必须先对自己诚实，唯有先对自己诚实，才不会去欺骗别人。

二、要三思而后言。当你跟客户沟通时，不要急着开口，在说出每一句话之前，先仔细想想："我说的是不是真的？"除非你能够诚实地回答"是"，否则，不要轻易开口说你想说的话。

三、要用宽厚来缓和实情。实话常常很伤人，但遇到必须要讲实话的时候，只要适时加入"宽厚"或"幽默"的情感进去，就不会让彼此尴尬错愕，交易就可以比较顺利地进行下去。

结论：诚实，是促使完成交易的力量源泉。

有人说："诚实，是促使自己和客户完成交易的力量源泉。"绝对诚实，绝不欺骗客户，因为你可以骗到一个人，但不可能欺骗世界上每一个人；你可能欺骗一个人于一时，但绝不可能欺骗他一辈子。

换句话说，如果你让客户觉得你的人品有问题，言行不一致，你会丧失许多即将到手的买卖。你不诚实、欺骗客户，或许可以一时得逞，绝不可能横行一世，只要被人揭穿一次，轻则一世英名毁于一旦，重则触犯法律、锒铛入狱。得失如何，不问自知。

记住：诚实永远是最好、最猛、最持久、最打动人心的战略；诚实是确保长期赢得人心和获利的策略。

请你跟我这样做

1. 诚实是保证长期销售必胜和获利的策略。你也许可以仗着欺骗的手法暂时骗到一笔生意，甚至还可以小赚一笔。但是，如果你想长期维持互利的客户关系，诚实销售法是你最好的选择。

2. 不管是对客户说话或处理公司内部事务，你都要坚守诚实原则。

3. 诚实地面对问题，才能赢得客户更多的尊重。

业务力十五：克服恐惧

彻底清除
脑袋中恐惧的"蜘蛛网"

> 乔·吉拉德这样说：恐惧的人，心将受苦，因为恐惧会使他痛苦！

有位年轻人问我："拜访客户时，偶尔遇到需要脱鞋的场合，脚上的异味让我十分困窘，严重打击我的自信心，让我有了所谓的'拜访恐惧症'，请问如何是好？"

我告诉他："要登门拜访客户，脚臭的问题千万不能忽视，不去理会只会让拜访恐惧症越来越严重。解决之道是除了多穿透气性佳的鞋子之外，更要换穿快速吸汗的机能性除臭袜，能有效减少异味的产生。双脚保持干爽舒适，一段时间之后就不会有异味，拜访恐惧症就可以不药而愈了！"

拜访恐惧症如果是因为"脚有异味"而造成，那很容易解决，但是因为害羞、自卑或经验不足造成的"销售恐惧症"，就需要针对问题对症下药了！

销售恐惧症的唯一特征，就是从事业务的工作者对拜访感到害怕、缺乏信心、怕被客户拒绝、不好意思讨价还价、不敢开口要订单。多次被客户拒绝或被不礼貌对待的经历，的确会让人对拜访产生极大的畏惧，导致心理脆弱、意志消沉。很多业务新手，都是因为这个原因而放弃了销售工作。新手只有从畏惧的阴影中走出来，销售工作才能步入正轨，不然，很快就"阵亡"。

销售恐惧症的程度大小，与实战经验的多寡成反比，业务工作做得越久、越多就越不怕，因此，不断去访谈、沟通，恐惧感就逐渐散去。

去做恐惧的事，下手去做！马上就做！

美国联合保险公司的创办人和主席克莱门特·斯通（W. Clement Stone），在一次接受记者采访，解说自己能够赢得辉煌成就的关键时说："我做业务之初，跟一般人一样，非常生疏、羞涩，我当时无师自通，靠着积极的心态，用执着和戴着钢盔向前冲的精神，来克服心中的恐惧，无所畏惧地去敲开陌生客户的大门。"

他回忆第一次出去推销保险的窘境："我站在大楼外的人行道上，一面发抖一面默默地念着自己信奉的座右铭——如

果你做了，没有损失，还可能有大收获，那就下手去做！马上就做！"

"于是，像当年第一次卖报纸时那样，壮着斗大的胆子走进大楼，这一次我没有像上次一样被踢出来。当天，虽然只成交了两笔生意，但我知道我有克服恐惧的勇气了，而且还想出了克服恐惧的技巧。"

克莱门特·斯通克服恐惧的技巧是什么？原来他随身带着一个战胜恐惧的法宝，只要每次出现胆怯的情绪时，他就拿出这个法宝来激励自己。这个法宝有两面，正面写着"积极"，背面写着"消极"。

克莱门特·斯通的这个法宝有两种移山填海的力量——当你使用正面时，它可以帮你攀登到顶峰，并在那里看到绝妙的风光，帮助你心想事成，赢得更多生意、荣誉与财富；当你使用背面时，它会使你总是看到事物最坏的一面，使人不敢奢求、不敢行动，甚至不敢开口请求客户购买，它会抑制潜能的发挥，剥夺一切你所渴望的、有意义的东西。

也就是说，克莱门特·斯通通过努力奋斗成为富豪，靠的就是"不怕丢脸的精神"，他希望我们运用"不怕丢脸的心态"去除头脑中的"蜘蛛网"。这样做，心地就变得通透，思想自然敏锐，行动自然灵活，加上全力以赴的奋斗，很快就可以赢得一切。

你恐惧敲开陌生人的门，恐惧和陌生人说话，恐惧打陌生电话，恐惧和地位比你高的人见面，恐惧向他们汇报、和他们交谈吗？赶紧设法迈过这些关卡吧！卡耐基曾说："战胜恐惧最好的方法，就是勇敢地去做让你恐惧的事，立刻、马上行动！"

成功的销售人员都是及早摆脱"销售恐惧症"的高手！

利用三步骤克服销售恐惧感

虽然做业务未必是多数人的职业生涯规划，但身处网络世界，不管是个人博客、Facebook 分享、社交软件群组，每个人都有许多机会直接对外传递你的产品或服务的价值与理念。现在，所有的职场工作者，比以往有更多的机会面对消费者和客户，尽管你未必被称为业务人员，但若要销售更多，一定得要克服销售恐惧症。

如果你是业务员，你可以简单利用三步骤，轻松克服销售恐惧感：

一、让自己和产品、和销售，谈一场轰轰烈烈的恋爱。喜爱自己的工作并认同自我的价值，就是向前的最大驱动力。销售过程是一门艺术，从挖掘客户需求、提供全面的商品和服务

到解决现有问题，这一切都需要投入大量的努力。当对方给予肯定，努力有了回报，便能享受辛劳后的成就感。

二、全面了解客户的问题。了解客户的"痛点"，了解市面上现有的产品与服务还有哪些无法满足客户的需求，了解得越多，挖掘得越深，就越能轻松为客户提供创新的解决方案。

三、了解自己能提供什么有用的价值。成功销售的关键是提供价值，想一想自己可以帮助客户增加营业额、降低成本、提升效率、变得更帅更美、使生活更美好等，将这些成果记录下来，一方面思考自己创造了什么价值、自我肯定，另一方面也是一种降低恐惧的方法。

同时，你要自我诊断有没有以下加重你销售恐惧症的原因，并针对问题加以改善，才能真正免疫：

一、想象太多，杞人忧天。自认产品的质量比竞争对手的产品质量差、价格贵，竞争对手太多，预想会遭到拒绝。

二、自觉形象不佳。认为客户的社会地位、经济能力、学历、人格、见识、经验等比较强。

三、自觉自己准备不足。自己没有对产品专业知识下足功夫，对竞争者认识不周全，实力不够，计划与准备不周全，言谈有欠灵活等。

四、消极性格、缺乏活动力。悲观个性、懒散、缺乏自信心、自惭形秽、常感觉压力大、收入不固定、烦恼多等。

理智无法克服畏惧，行动才能改变

一有机会就问问自己：世界这么美好，大家都对我不错，我到底在恐惧什么？

照理说，你应该没有什么好恐惧的，如果真有恐惧的话，应该是"改变"这件事——改变自己稳定却平庸的现状，去一个陌生的行业或陌生的城市，在陌生的领域重新开始学习。

要追求更好、更卓越，你应该有改变现状，迎向美好未来的勇气！

总之，从今天开始，每次展开销售行动前，别再让内心软弱的杂音控制你，你要完全做自己的主人，从内心找出一个相信自己"一定会成功"的声音，彻底驱除头脑中的恐惧"蜘蛛网"，这样，你就能向恐惧说"再见"，从自我筑成的藩篱中释放出来，大步迈上辉煌成功的锦绣大道！

请你跟我这样做

1. 为恐惧的对象取一个名字。让恐惧的对象浮出水面，给它一个名字，并将它写下来，承认你有需要克服的问题。养成写日记的习惯，这样可以追踪、记录你与恐惧抗争的进展。下一次如果再遇到类似的问题，可以引以为戒。

2. 想象最糟糕的情形。比如你目前正在考虑拜访某一个难缠的客户，而你十分担心自己无法拿到订单，那么请你想象一下，即使拿不到订单又能怎么样呢？你可以换个时间再次沟通！

3. 做好迎接失败的准备。没有什么能够保证我们事事顺利，被拒绝是工作的一部分，最重要的是要保持一颗永不放弃的心。对抗恐惧这件事也一样，要有一个决不罢休的心态。

业务力十六：坚持到底

放弃尝试、半途而废
就没有业绩

> 乔·吉拉德这样说：做业务要业绩倍增，需要不服输的精神，坚持到底不放弃！

超级业务员有两个忠实的助手，一个是他的毅力，另一个就是他的双手。

现在是"红海"竞争的时代，我们不可能一下子就拿下订单，拿下订单的过程是一个拉锯战的过程。在这个过程中，毅力将成为你的终极武器。

销售成绩一半是用脚跑出来的，一半是凭着毅力得来的。要不断去拜访客户、协调客户，销售工作绝不是一帆风顺的，会遇到很多问题和困难，但要有解决的耐心、百折不挠的精神、坚强的意志力和绝佳的心理素质，才能够面对挫折。

房市不景气，房仲①业经营困难的时节，如果能突破业绩

---

①即房产中介。

目标，更显难能可贵。台湾新北市板桥区知名房仲公司的詹经理，30岁，自认口才不好，但是靠着过人的毅力，在房市最冷的时候创下二亿余元的销售额，成为该公司前三季的冠军业务员。

小詹（詹经理是我销售谈判班的学生，我叫他小詹）从小接触搏击，也一直希望能在运动领域中有所发展。他身材适中、热爱运动，但生性害羞，给人感觉腼腆、不善于面对人群，不过他十分诚恳老实，很难想象他已从事房仲公司销售业务五年多了。

靠毅力特质，勇夺订单

入行的第一年是小詹最低潮的时候。因为高中毕业就入伍服役，所以他一直想圆大学梦，于是边工作边就读台湾淡江大学；一度因为无法做好时间的分配与平衡而怀疑自己是否该放弃其中一项。但当他回忆起以前接受搏击训练时，总能怀抱着不断超越自己的决心，穿越那些辛苦的操练，于是他开始问自己："为何工作上不能也有那种破釜沉舟的决心与勇气？自己才是最大的敌人哪！"

一路看着小詹成长的林经理回忆，他曾在小詹晚上十点多下课时，陪同他去拜访一位在观光局上班的客户，连续三个晚上都待到凌晨一点，最后客户被他十足的诚意与毅力所感动，买了一间透天别墅。

小詹把他搏击时那种认真受训、勇于接受挑战并超越自己的斗志和毅力，都转换在工作上，才会有今天优异的表现。

小詹的成绩来自他"把工作当搏击、把搏击当兴趣"，工作上的成就感，是他骨子里那种喜欢挑战的热血性格使然。五年来，他总共卖出了 140 间房子，服务了 600 多位客户，更交了 1000 位好朋友。接下来，他要挑战在自己 40 岁之前累计销售 500 间房子的个人纪录。

小詹至今仍保持每天搏击的运动习惯，他说："虽然每天运动看起来似乎很单调，但其实每天都会遇到不同的人，看见不同的景色，也会有不同的感觉。我就是把这种心境应用在我的工作上，这样才能持之以恒。遇到挫折，也就不会一蹶不振，跌倒再爬起来，再接再厉。"看似简单的哲理，小詹用他"一枝草一点露"的精神与态度，实践在销售工作上。

放弃尝试、半途而废就没有业绩

只要你有毅力、有不服输的精神，大楼电梯口的"谢绝推

销"牌子阻挡不了你，客户的拒绝阻挡不了你，董事长的秘书阻挡不了你，40摄氏度的马路或台风天阻挡不了你。只有一个人能阻挡你，那就是你自己！

毅力是成功的企图心与创意的结合，你的持续力必须像永远停不下来的海浪般向前进，滔滔不绝！平常只能跑个十公里的人，靠着毅力，也能在路跑赛中跑完全程马拉松42.195公里。

汤姆·霍普金斯（Tom Hopkins）是这个地球上最能卖房子的人，在霍普金斯看来，他的生命不是取决于失败的次数，他相信，成功的次数，永远与失败后继续努力的次数成正比。

日本知名的保险业务高手原一平认为："一个成功的推销人员在遭遇挫折或失败时，要能永远不认输，屡败屡战，咬住不放，坚持到最后胜利为止。"他还说："我认为，毅力和耐力才是推销人员夺标的秘诀。"

有人说："人生并没有失败，只有'放弃尝试'而已。"还有一句话说："譬如为山，未成一篑。止，吾止也。"前辈教导我们："只要开始动手挖井，就一定要挖到水源出现为止。"

一个人没有毅力，将一事无成。而"说一套，做一套"永远都不可能获得成功，只有言行一致，朝着目标坚持不懈地去奋斗、去追求，才会有所收获。放弃尝试就等于半途而废。在人生的旅途中，不论跑得快或慢，都不因此决定你的成与败，只有当你放弃人生的竞赛，拒绝再跑、停止再走，那就真正被判定三振出局了。永远记住：失败并不可怕，半途而废才是最可怕的。

所以，凡事要做了、尽力了才知道，还没有看见结果之前，一定要坚定你的决心。失意、失误、困难无所不在，唯有直接面对困境、设法突破困难，体会觉察到毅力的重要，不轻易放弃，坚持到底，才会有更好的业绩！

培养恒心、毅力的三种方法

到底要怎么培养恒心、毅力？方法如下：

一、养成有恒的习惯。 曾国藩在日记上提醒自己"痛戒无恒之弊"，并且反复告诫子弟养成早起、做事有恒的习惯。你可以通过在工作、生活中实际的历练，在不断的失败、挫折中，不断反省、不断淬砺自己的意志，做计划、跑客户当然就比较能够持之以恒、贯彻到底了！

二、凡事确认要做就身体力行。 所谓"天行健，君子以自强不息"，我们必须效法"四时之运行，周行不殆"的天道，只要确立具体、可行的目标，就做好计划，少说，马上起而力行，连续力行 21 天，持之以恒的习惯就已经养成。

三、愿意进行自我监督。如果不能制定纪律，一切目标和计划都是镜花水月。因此，逼自己监督进度是必要的，每天检查自己的完成情况。如果觉得自我监督有难度，可以找人互相监督，每天写自我鉴定表，大家互相检视。在有人监督的情况下，就不得不逼自己去做啰！

结论：最宝贵的金子就埋在沙子的下面。

沙子最不值钱，最宝贵的金子就埋在它的下面。作为一位淘金者，谁不想挖掘出地下的金矿？但是面对漫漫黄沙，人们的心态完全不同，有的人找到方法，不惜一切"千挖万滤"终于挖出金子；有的人挖了几下就停手选择观望、等待和放弃。

其实，我们都是业务工作中的淘金者，我们都有自己的目标，也希望挖到成功的金子。正如金子只属于那些不畏艰辛的淘金者一样，成功也只属于那些不畏艰难、勇于坚持和拼搏的人。成功的淘金者可贵之处在于他们的执着和毅力，当然也需要有丰富的专业知识。

业务达人的可贵就在于他们为一个明确的目标前进，遇到难题绝不随意退缩，跌倒了就爬起来，失败了再战下去，不达目的决不罢休！

请你跟我这样做

1. 不要轻易放弃客户，每一次拜访客户，都应试图成交。只有不断试着成交，坚持到底，成交量才能倍增。

2. 不能在客户身边的日子，就用短信、电话、书信或其他方式，继续和客户保持联系，因为频繁的接触，能建立你的自信心。

3. 人人都可以成为销售高手，但成功只属于有毅力的人。不要做言语上的巨人、行动上的矮人，毅力决定一切！

业务力十七：时间管理

你的时间价值
由你决定

> 乔·吉拉德这样说：想从自助餐厅获得最佳体验，秘诀在少吃几样。想过有效率的日子，秘诀也是少做几件事。也就是说，对于要做什么必须有策略；对于不该做什么，也得痛下决心取舍。

人生的关键不在于能"活多久"而在于能"活多好"。你在工作中投入了多少时间并不重要，重要的是你在这段时间内做了多少有效益的事。你永远不知道自己还有多少时间，所以，先充分地利用你所拥有的今天。

你知道你生命中有多少稍纵即逝的"赚进银两的好时光"吗？从事业务的朋友，你知道一分钟可以拿下百万元、千万元的订单吗？你整天忙忙碌碌，到底有没有创造出极大的价值呢？最后，你知道你的收入来自什么地方吗？

让我告诉你吧！你的收入百分之百来自你和客户面对面接触的每一分钟。换句话说，时间就是金钱！如果你不满意现在的收入，你应该意识到一个严重的事实——你不知道你闲置了多少时间。

根据实战经验观察，仅有不到 40％ 的业务人员的工作时间是用在增值业务的洽谈上。也许你不如此认为，但是，这是千真万确的事实。

时间是业务人员最宝贵的资产，你的成就、收入和幸福，都是用时间换来的战利品。因此，务必设法增加和客户间商谈、推销和服务的时间，少做一些不能产生效益的事情。

你的时间值多少钱，由你自己决定

作为一名业务人员，你的时间值多少钱是由你自己决定的，没有任何公司、任何团体、任何贸易协会、任何人可以决定你每小时的价位。那么你是否把最珍贵的时间统统用在开发客户、拜访客户、说服客户和服务客户上呢？

美国 S&MM（*Sales and Marketing Magazine*）杂志做过一个调查，试图去描述业务人员如何有效使用有限的时间资源。该调查所揭示的结果，令人大吃一惊，简单说明如下：

一、用于面对客户进行推销的时间，仅占工作时间的 10％。

二、待在办公室处理行政业务、填写报表的时间占 31％。

三、出差、交通阻塞、找停车位或市外交通所耗的时间占18%。

四、非业务关系的电话及浏览网页和回邮件的时间占17%。

五、为客户解决问题及为客户服务的时间占14%。

六、寻找客户、打电话约访的时间占10%。

从上面的调查结果来看，业务员真正用于推销的时间只有34%（即销售10%、客服14%及寻找客户10%），占全部时间的三分之一。因此，你若能增加真正用于推销的时间，业绩必然会增加；相反地，用于推销的时间减少，业绩必然下降！

首要之务是学会节约时间

业务人员时间浪费最多的地方在哪里？一份研究调查结果发现，业务人员浪费时间前四大因素分别是：企图做太多的事情、被其他干扰因素影响而分心、危机处理（终日忙着"灭火"）、行政工作（书面作业、忙碌的工作）。行政工作通常占了浪费因素中的78%。为了有效提升工作效率，一定要设法避免以上四大浪费时间的因素，才能获得更多的时间，用在开发客户、拜访客户、说服客户和服务客户上。

如果你希望业绩和利润倍增，首先一定要学会"节约时间"，然后再将大部分的时间有效投资在开发、接触、服务和学习的活动上。

英国哲学家奥卡姆（William of Ockham）的"奥卡姆剃刀定律"教导人们剔除不必要的事务以及一些细枝末节，帮助大家节约宝贵的时间，并加快完成工作的速度。实践"奥卡姆剃刀定律"的方法如下：

一、舍弃不重要的目标。 在有限的时间中，不太可能同时完成这么多目标，这时只好忍痛牺牲一些较不重要的目标，或是延后执行的时间。有舍才有得，舍弃小目标，才能成就大目标；舍弃没效益的客户，才有时间和黄金客户做大生意。

二、排除低效率的事。 制伏电视、计算机、电话三大时间杀手。少看没意义、没效益、没知识的电视节目；慎选上网搜寻目标、慎用实时通信软件、少看公众号、慎选网络聊天室与社群；慎选打电话的时间、邮件回复或语音留言。不值得做的，千万别做！

三、不做无法加分的事。 尽可能丢掉不会有结果的任务，对于过去失败或未做的事情不要有内疚感。也不要做滥好人，不要别人一开口就答应帮忙，要懂得说"不"。别接烫手山芋！把时间用在刀口上，就会锦上添花；把时间用在刀柄上，等于白费精力。

明智利用时间的八个方法

妥善地支配时间、驾驭时间，是效率倍增、提高业绩的不二法门！对一个业务人员来说，最重要的工作就是与时间竞争。我必须提醒你："时间对你没有任何帮助，除非你能利用它做些什么！"你可以持续专注优先级的事务，明智地利用时间，创造更高的效益。

一、80%的事情只需要20%的努力。善用80：20法则，将最大、最具效益的客户，安排在访问行程的最前面，然后根据价值大小分配时间。

二、我们所要管理的，并不是钟表上的指针，而是事情的轻重缓急！我们需要确认销售活动中高效益的工作项目，设定优先目标，然后予以合理安排。

三、根据营销成本与客户的购买力，进行"选择性推销"。

四、认清与克服拖延的坏习惯，是另一个创造时间的好主意。用"想到就立刻去做"来激励自己。只要这样坚持几次之后，一定会有收获。

五、要具有灵活性。一般来说，只将时间的50%计划好，其余的50%为"灵活时间"，用来应对各种干扰和无法预期的事情。

六、养成记录的习惯。可以使用电子日历与 Remember

The Milk（RTM）等软件，随手记录每日行程与待办事项。

七、注重事后检讨习惯。检查 RTM 里还有多少事情没完成，检讨为什么无法按照原定日程完成，并检讨是否一开始的规划就没有符合自己的习惯。检讨可以帮助自己调整后续的时间规划。

八、有效地利用等待的时间。随身携带可以阅读的书报刊物，运用手机联络事情，利用等待的空当时间看电子书，或是做思考规划的事项。

时间管理是自我满足感的训练，认可自己有花时间去做正确的事，事前规划固然是绝对必要的基础，更重要的是通过管理，让你觉得工作得很扎实、很有价值，这样才能让时间管理的好习惯延续下去。

做好时间管理，抓住最佳进攻机会

希腊古谚语说："时间为万物之母，而真相是时间的女儿。"这位叫作"时间"的母亲，总有一天会产下一位名为"真相"的女儿——意思是说，即使没有人知道你流下了大量的汗水，没有人知道你竭尽诚意、无怨无悔地帮助别人，或许在某一时刻你受到冷嘲热讽、欺瞒污蔑，但只要有足够长的时

间酝酿，一切终将水落石出，得到好结局。做业务，也一样。

　　总而言之，要成为顶尖的业务人员，一定要百分之百擅长"驾驭时间"，同时精确地掌握客户的心理瞬间，抓住成交的机会，趁热打铁，见缝插针，马上开口成交，效率百倍地完成交易。

　　你若想要提高销售的效率，成为"当红炸子鸡"，让你的时间发挥最大效益，是最简单、最基本的方法。再叮咛你一次，对于时间管理，绝对、绝对、绝对不可掉以轻心！永远记住，对一个业务人员来说，他的工作就是与时间竞争，将时间花在正确的事务上，就是成功的最大保证！

请你跟我这样做

　　1. 做好时间管理第一步骤是堵住时间漏洞。

　　2. 做好时间管理第二步骤是区分轻重缓急。

　　3. 做好时间管理第三步骤是制订周密的计划。

业务力十八：乐观

正面思考
可以让你度过业绩低潮

> 乔·吉拉德这样说：做业务，本身就是一种信心的传递和信念的转移，表现出乐观的态度，除了让客户购买产品、享受产品带来的利益之外，同时，也使他们获得一种快乐的消费体验，使客户更容易与你交往和敞开心扉。

麦特·史塔兹曼（Matt Stutzman）是一位天生没有双臂的弓箭神射手，他入选美国国家代表队，代表美国出战 2012 年伦敦夏季残奥会，成为国际瞩目的人物。

根据资料显示，麦特·史塔兹曼出生后就被亲生父母弃养，13 个月大时被史塔兹曼夫妇领养。养父母在他 16 岁时给了他生平第一组弓箭，先天肢体残障的麦特·史塔兹曼，从此开启了勤练弓箭的生涯。他以乐观、积极、进取、永不退缩的性格，经过不断的苦练，凭借双脚成为顶尖的弓箭神射手，入选美国国家代表队。

有人请教他的人生哲学，麦特·史塔兹曼说："虽然我没

有双臂，但我还有双脚，我注定是生命的斗士，我对未来的人生会全力以赴，大家能做的事，我也都能做。我不期望别人施舍，我只要当我自己。"

很久没有受到如此震撼的精神鼓舞！如果每天只能挑一个人来激励自己，今天绝对是麦特·史塔兹曼的案例最值得学习！

正面思考——换个想法，业绩更亮丽

由于 2015 年底台湾施行两税合一制度，90％的房产中介业务冷冷清清，客户流失五至八成，业绩不断下跌，部分房仲中心更出现 30 天业绩"挂零"的惨况。许多做业务的朋友都怨声载道："公司订这么高的指标，怎么可能做到呢？烦死人了，这个月的业绩看来完成不了！"还有人哀怨："价格这么高，根本就推销不出去嘛！目标达不到就拿不到奖金，靠这一点底薪，这个月要怎么过啊？"

虽然我们正面临着日子不好过、业绩突然大幅缩水的状况，心情都非常恶劣，但只要我们看看麦特·史塔兹曼，跟他比起来，我们暂时遭遇的困难或逆境，又算得了什么！

乐观是你最大的靠山

我曾看过一篇文章，内容是说一位年轻人向一位企业家求教生意经，企业家当场跟年轻人说："我从未见过一个成功的生意人是悲观的。做生意必有风险，悲观的人只看到风险，却看不到机会。"最后，企业家给了他一个忠告："永远保持乐观，尤其是在生意上面对重重困难的时候。乐观的态度是你最大的本钱。"

乐观能让人得到更多认同。心理学专家在进行美国总统大选分析后得出以下结论——乐观的候选人经常在大选中获胜，而悲观的候选人落选的概率则高达 90%。

以此观之，在日常生活中，乐观的人更容易用自己积极的情绪感染他人，他们的言语和行为更容易得到认同，因此，成功的概率也相应增加。做销售，何尝不是如此？

没错！乐观的态度是你最大的本钱。乐观的态度，对业务朋友来说，就是即使业绩很不理想，依然保持良好的心态和工作的热情。相信逆境总会过去，相信成功总会到来，相信失败就是成功之母。在经历无数次失败之后，仍能客观冷静地分析失败的原因，从而提升自己的能力；仍相信再坚持一下，订单就会属于自己。

即使现实条件不能让我们大展身手，先天条件也不如人，

但只要不悲观、不绝望、不沮丧、不忧郁、不后悔、不自责、不怨天尤人，凡事乐观看待，进取向上，努力不放弃，还是能够出人头地的。乐观的性格可以让我们在逆境中看到希望，从而振奋精神找到正确的方法和途径，获得充分发挥潜能的机会，最后赢得桂冠。

乐观，可以靠后天培养

以下方法，可以让你培养出乐观的态度。

一、向"凡事万一"的悲观想法说"再见"。一个人凡事抱持悲观的态度，一碰到事情就忧心忡忡，设想很多个"万一"来阻止自己去执行工作——万一客户不理我、万一产品别人不喜欢、万一顾客嫌价格太贵、万一生意做不成……这些"万一"充斥在你的脑际，就容不下思考解决问题的空间，这种凡事悲观的人有机会成功吗？

你必须完全铲除悲观的想法，让自己成为乐观而积极的人，这是你要做的第一个功课。

凡事以乐观的思维去思考的话，就很容易找到解决问题的方法，只要你能持续设法排除不断遭遇到的困难，你就会养成解决问题的能力。有了这个能力，你就会有信心，乐观的心态也就自然会养成。因为有能力必然有信心，有信心自然就会乐观了。

所以，你必须放弃内心里的悲观，用正面、乐观的态度跳出失意的阴影，从而让自己变成一个积极乐观的人，来迎接美好的每一天。

二、利用科学和理智看待问题。任何事物都有正反两面，看到困难问题的同时，也要看到机会，事物的发展规律就是波浪式前进、螺旋式上升。

超级业务员的成长之路，是在面对激烈竞争、解决市场问题之中，一点一点积累经验而来的；是在一次一次被客户否定之后，不断摸索、找到新方法而成长起来的。正所谓"不经历风雨，怎能见彩虹""梅花香自苦寒来"。

三、多和乐观者交往与学习。俗话说"物以类聚"，你是什么人，观察你交往的朋友就能掌握十之八九。悲观的人，周遭90%的人都是悲观者；乐观的人，身边90%的人都为乐观者。因此，要想改变命运，你必须跳脱现状，和乐观者多交往、多学习。要想成功，请和成功者为伍。

乐观是自信的源泉，是坚持的依据，是奋斗的希望，是每一个人成长的精神动力。

启动全力以赴的动能

即使是在消极的日子里，我还是会去做一些积极的事，例如写一篇激励人心的文章，或是去做一场公益性的演讲。今天，我将试着找出一件事，让我觉得生活或世界仍旧非常美好。

天然灾祸或是人为不幸，在任何时代都会碰到，都和上帝无关。你只有通过乐观的思维、理智和坚持，努力和不好的现实势力斗争，你的世界才能逐渐变得更美好。我相信，当你培养出乐观的习惯，拥有"乐观以待"的活力，你就能从挫折中发现希望，启动全力以赴和追求美好的动能，永不枯竭。

因为我们相信明天地球会继续转动，太阳会继续升起，所以今夜必然得到一夜好眠。乐观的习惯，让我们忘掉今天的不如意，让我们当下就是一种尽兴的庆祝，创造出更有活力的明天，只有全力以赴与相信未来，才没有恐惧。

拥有乐观习惯的人，能轻易地开启全速的动能，每天都能创造令人惊艳的好成绩，让生命充满诗情画意，赢得生命的礼赞，并维持在巅峰状态。

请你跟我这样做

1.不要太介意你所遇到的不如意的事情，也不要太介意被无端拒绝。要善于检讨其中的教训，掌握有效沟通的技巧和解决问题的方法，不能以无所谓的态度，从失败再走向失败。

2.表现乐观时，要把握一个度，过于乐观会使人对自己期望过高，从而备受挫折。

3.一个人的成就取决于动机、能力和乐观的态度，如果空有乐观却没有能力，那也没办法使你成功。就好像你和拳王一较高下，即使你再乐观，一样会被对方惨打一顿。所以，就算你很乐观，如果没有做好事前准备，一样会被客户赶出来；就算你很乐观，想要赚大钱却什么也不做，等着财神爷把钱送上门，你也只会坐吃山空。

业务力十九：热情

推销不能只用嘴巴，
一定要加上热情

> 乔·吉拉德这样说：没有什么比热情更重要了。无论你要跟客户说什么、做什么，带着热情去做就对了。

有人请教石油大亨保罗·盖蒂（Paul Getty），一个人要达到成功巅峰需具备哪些要素，他把热情排在想象力、精通商务和野心之上。热情，特别是奔放的热情，是成功者的标志，在销售世界中也不例外。

日前我在台北市青年创业协会演讲，演讲结束后，有一位许姓年轻小姐来咨询："我是做美容保养品的销售，我的产品质量与效果都很好，我的专业知识也掌握得很全面，基本人脉也不少，跟我询问的人也很多，可就是没有订单，为什么呢？"经过深入了解，问题的根源浮出水面。原来她在和人沟通时，只会看图解说、照本宣科，凭理性沟通而没有运用人性销售技巧，不知道如何带着热情和客户沟通。

我跟许姓小姐说："成功的业务高手，都是带着热情来销售的。"

嘴巴推销不够，要加上热情来销售！

以下是我教给业务朋友们，如何带着热情和客户沟通的方法，只要学会，成功出单就指日可待了。

一、**主动招呼上门的客户，热情接待他们。**对待客户要热情和尊重，切忌冷淡；嘴巴要甜，多用赞美和感谢的词汇；避免用命令式、反问式语句；少说否定句。拒绝的时候，一定要客气地说"抱歉"；不要妄下断言，让客户自己做决定；用自己承担责任的方式说话。

二、**热情说出第一句话，就是成功的一半。**热情接待的第一句话："您好，请问有什么可以帮到您的呢？"

三、**不要让客户有被晾在一边的感觉。**生意忙碌时，无法在两分钟内接待客户，不要让客户傻乎乎被晾在一边，这时你需要告诉客户："亲，真的很抱歉，因为咨询的美女比较多，接待稍微慢了点，谢谢您的谅解。"

四、**不能及时接待时，要说对不起的话。**如果当前咨询量比较大，不能及时接待，你要及时告诉客户："亲，十分抱歉，

由于我这边咨询人数过多，影响了接待速度。"

五、如果说了两句话之后，客户一直没有响应，这时你应该主动询问客户的需求。例如："亲，请问还有什么可以帮您的呢？"

菜鸟业务员会失败，通常不是由于欠缺专业知识或专业技能，而是欠缺足够的热情。当你热情充沛，说话自然铿锵有力，举止充满专业权威，你的表现就能感染客户。当你对一种产品或服务工作感到兴奋和热情，客户就会注意到。他们就会像磁铁遇到磁石一样，不由自主地向你靠近，他们会采取行动认同你、购买、转介绍，并帮忙免费宣传。

你曾上过销售培训的课程吧！讲台上培训老师、专家一定会谆谆告诫刚入行的业务菜鸟："不要光用嘴巴推销，一定要用热情来销售！"毕竟，奔放的热情永远是赢得竞争、抢先成交不可或缺的因素。

惊喜或发自内心的喜悦，都可以创造出热情

没有人天生就充满朝气、热情洋溢，它是经由后天学习或锻炼出来的一种成功的特质，同样，你也可以经由后天培养而变得热情。

人们刚开始一份新工作，当然都会有相当程度的热情，可是渐渐地，每件事都一成不变了。日复一日，年复一年，千篇一律的工作使我们丧失了对工作的热情。许多琐碎的事情将我们团团包围，一段时间后，我们就会对工作的内容和过程不太在意了。

话说我刚开始工作的第二年，有一个月的时间没什么业绩，心情降到谷底，相当低落，每天像行尸走肉。在那段消极低潮的时间里，我从不曾认真地问自己过得开不开心，可是，有一天我突然惊醒过来，发现原来自己的热情出了大问题，于是我开始留意自己的工作内容和过程，重新以饱满的热情开始工作。接着神奇的事情发生了，工作开始给予我美好的回报，这种回报就像滚雪球一样，越滚越大。

或许你现在跟热情还有很大的距离，但你也可以把它找回来。你也有过热情工作的经验吧？我要告诉你：曾经让你产生热情的经历，可以使你再次创造出新的热情。如果你期望更快乐，不妨对工作多付出一点热情。财富和快乐，在这方面的本质是一样的，我们要做的只是每天都热情地活着。

激发热情的十种方法

怎么样才能激发热情，让自己更加兴奋，立刻热情洋溢起来呢？以下十个方法，相当管用。

一、确定你要靠销售致富吗？ 如果做业务在乎的只是薪水高低、公司规模大小或是能否晋升，你永远无法发现不一样的自己。许多人在职业生涯的路上，缺乏热情又很彷徨，不知道下一步该怎么走，我建议你先问自己："我要什么？" 跟着自己的声音前进就对了。

二、要选择你特别感兴趣的行业。 首先，要选择自己特别热爱的行业，并且对你的工作要十分在乎、十分投入。

三、要相当程度认同你的工作。 做你所认同的工作，爱你所认同的工作，交出超乎承诺的成果。同时自觉自己就是老板，从心中认同公司和工作的价值，自然会燃起熊熊大火般的热情。

四、与充满热情的人为伍。 让自己的四周围绕着对工作充满热情的人，那么你也会感染到他们的热情。

五、让自己去喜欢每一个人。 喜欢上每一个客户，欢喜做，甘愿受！

六、凡事抱持积极思考的心态去行动。 每次会面、交谈、汇报时，在脑海里闪现出积极的想法——我一定能促成交易，最终凯旋！

七、以真诚之心对待任何人。真诚地关心客户和服务他人，不可表现出虚情假意的热情，因为任何客户都看得出来，而且客户会对这种虚伪行为产生不信任的感觉。

八、天天学习，不落人后。所有激励人心的书籍、DVD、培训课程都是激发自我热情的最佳资源。每当不如意、心情郁闷时，不妨听一听有关激励人心的录音带、CD，帮你把热情给找回来。

九、好好锻炼你的身体。天天拨出时间去运动一下，跑个5000米，满脸通红、神采奕奕，热情就上身了。

十、专注在目前的工作上，乐在其中。如果你无法乐在目前的工作上，你很难付出额外的时间；努力和专注在目前所做的事上，和成功结缘。如果你能从中找到乐趣，你会乐于付出一定的代价，你会毫不吝惜地付出一些时间和努力以获得成功，而不会觉得是在牺牲自己。

记住，你无法随自己高兴，想热情才变热情，你必须随时随地全心投入到工作中，相信它超过一切事，对你的产品或使命充满无限的热情。

我真诚地建议你每天去实践、去完成。我向你保证，不用21天，你将会发现自己渐渐地脱胎换骨，你的态度和表现会变得更热力四射，业绩会愈来愈好！

没有热情就死气沉沉

没有热情的信念是死气沉沉的。只有奔放的热情，才可以把一个人的雄心、信念和抱负，转化为令人刮目相看的行为和丰功伟业。

想成为超级业务员吗？需要配合的条件很多，最重要的还是你要对自己的推销工作、销售产品、服务客户以及你自己，有百分之百的认同感，并从工作中找到价值感，然后在内心建立起积极正面的思维模式，这样一来，你会发现，不知不觉中你奔放的热情无时无刻不泉涌而出。如果带着绝对真诚的信念，坚持把工作做到最好，它的热度可以马上散发到所有人身上。

要成功，就赶紧拿出你的热情来，特别是奔放的热情！并让热情变成一种好习惯，如果心中有它，它就长存心头。

热情永远在我们心中，它像一盏导航灯，永远在低处照耀；要不要将它点亮，全看你自己。

结论：通过你的热情转化客户。

想要成为超级业务员，就必须知道营销的核心是信心的传递与情绪的转移，通过你的热情转化客户，利用你的热情拉新（发展新客户）、顾旧（转动老客户），让陌生人变客户，让客户不断介绍新客户过来，这才是关键所在。

请你跟我这样做

　　1. 想办法每天都竭尽所能做到最好，很快地，周遭的人都会被你的热情所感染。

　　2. 给自己打气，激励和鼓舞自己。用自我谈话的方式激励自己，就像做健身操一样，每天都要锻炼一下自己的心智，做一做十分钟的精神体操，就能立刻让内心充满奔放的热情。

　　3. 用最热情的行动去帮助我们的客户，用最真诚的态度去倾听客户的需求，用最热情的语言去赞美我们的客户。

业务力二十：面对低潮

换个"思想框"，
向低潮说"再见"

> 乔·吉拉德这样说：低潮期，你可以多读成功者的传记，增加知识顺便看看别人倒霉的时候是怎么挺过去的；你也可以和知心朋友谈天，回忆美好快乐的时光；或者锻炼一下身体；或者好好睡一觉。

没有一个工作是永远不会遇上低潮的，营销这一行尤其明显。如果为了情绪问题就放弃了挑战最大、成就最高、收入最丰厚的行业，不是太可惜了吗？

经济差时业务不好做，再怎么努力拼命，依然频频失利，当面对这样的工作低潮，你是抱持自怨自艾的态度还是主动出击的态度？

低潮或高潮总是一体两面，都要以平常心看待。因为有了低潮的刺激，我们发愤图强，才有高潮的积极有为。两者我们都必须喜欢、接受并好好利用，直到拿下大订单的那一刻。

接受当下，相信事情的发生是有意义的

做业务，谁没有低潮？工作进入第二年，我就第一次陷入工作低潮，当时很心慌，觉得人脉快用完了，客户量不够、工作没前景、做的事情没效果，主管又把我当空气，加上内部严重恶斗等，让我感到做业务这一行非常没搞头，进入了工作低潮，想做个逃兵。在那段日子里，我每天早上起床时，茫然看着闹钟，觉得自己是行尸走肉，有股冲动想抛下工作。

我当然知道业务不会永远顺遂，偶尔会有低潮，在这个时候，我是这样做的：

我马上向前辈们请教，前辈们给我的建议是，接受当下的情况，要相信每件事情的发生都有一定的意义。我毫不犹豫地听进他们的话，我相信只要心改变，情况也就会改变。

首先，我找一个安静的地方，仔细思考事情发生的原因，并问自己，最坏的情况是什么。其次，当我了解最坏的情况后，我欣然接受，然后找方法改善最坏的情况。最后，是寻找自己能做的事情，一是改变自己，例如转忧为喜，抛弃忧伤的心情，每天大笑九回；二是学习一些新东西，如慢跑、打台球等休闲运动。这样做，才过一个月，果然心情变得很开朗，人变得阳光、积极和有行动力了。

记住，碰到低潮，只要没灭顶，就还有一丝的机会，千万

不要自暴自弃！一个人绝不要因一时陷入低潮，就自毁壮志和锦绣前程。

高潮时享受掌声，低潮时享受人生

一位智者说，高潮时享受掌声，低潮时享受人生。没有人能拒绝低潮，处理低潮往往是迎接高潮的必要能力。不论是享受学习还是享受人生，至少不会变得人见人骂，遭人冷落。

某一次聚会时，我遇到一位科技业的营销副总经理，我问他近况如何，他难掩悲伤之情，告诉我他被主管"冰"起来，正处于低潮中。他是某知名面板厂的营销一把手，因为一笔大订单被韩国公司抢走，总经理把他调到服务部，让他突然变成了公司的边缘人。

我问他，想要换公司吗？他说不想，他在这个公司已经做了快十年了，过去对公司有很大的贡献，也有感情，他相信未来公司一定可以看到他的价值，他也一定会有东山再起的机会。

他的乐观让我讶异。但又该如何排遣这时候的低潮呢？他说："我好久没有这么轻松了，我正好利用这段时间去欧洲玩一趟，享受一下我的人生，放慢脚步，也替公司、替自己想一想未来。"我已经许久没有听到这么豁达的话语了，我对他的成熟智慧佩服万分。

遇到低潮时，自救有方法

假如不幸跌入低潮，你可以用以下方法把自己从低潮的情绪中拉出来。

一、不要说"如果"两个字。尽量避免负面的自问自答，当你说出"如果"两个字时，就像在象征压力的火源上面丢了更多的木柴，让你不敢采取更多的行动，错失了反应的第一时间。

二、从另一个角度来看事情。找出真正让你产生低潮的原因以及应该调整的状况，就不会被自己内心里排山倒海的压力打垮。

三、关关难过关关过。曾有人说：人生其实是一坨屎，而你的目的就是在上面种出一朵花。这比喻虽然有点不文雅但是挺贴切，能够给人一种有着坚强意志力的感觉。现在让你难过、痛苦的事情，有一天你一定会笑着说出来的。

四、利用肢体动作拉回你的注意力。保持冷静最简单的方法是深呼吸，将注意力专心地放在呼吸的循环上，一开始当然

很难不被其他事情分心，不过一旦把注意力拉回，持续个几分钟，就会让自己的注意力回到手边待解决的任务上。

改善现状，从沉沦到再起的方法

假如你还在低潮中，并且不想向下再沉沦，有心再上层楼，我建议你，赶快学习低潮时改善现状的五个方法。

一、先进行心理建设。谨记"再苦的日子早晚会成为过眼烟云"。业务高手之所以优秀，关键在于身陷低潮时不会自怨自艾，反而会给自己打"强心剂"，每天不断对自己重复"坏日子很快就结束了"这句话。同时，当难题出现时，仍努力保持积极的心态来渡过难关。

二、知道排解压力的方法，并学会放松自己。"拾回生命的主控权"是业务高手的座右铭。业务高手之所以会比你成功，是因为他们在遇到低潮时，会有效地摆脱低潮，再造活力。

以下是我排解压力的方法：

1. 找出令我沮丧的原因。

2. 如果改变不了周遭的事物，那就改变自己的态度。

3. 随时准备去冒险，做些平时不愿、不敢做的事，如高空弹跳。

4.彻底放松一下，去按摩、去泡汤，度几天假，去静坐、冥想，或登山、游泳。总之，去做些自己爱做的事。

5.哭是一种发泄，可以大哭一场，去睡觉也不错，或者和朋友去吃喝一顿。我自己还会用写作来排解压力。

三、换一个"思想框"，心情就变好了。人的思想就好像一个又一个的框，当我们从一个思想框换到另外一个思想框，思想就改变了。例如，从"他不关心我"这个框，换到"他还没有用我想要的方式对待我"或"他不知道我想要他用什么方式对待我"，想法就会有所转换。

四、提升自信心，唤醒再接再厉的念头。信心为成功之本。激励大师金克拉说："对自己的能力有信心，使我们能有效脱离低潮，改善现状。"多爱自己一点、乐观一点，多读一点励志性的书籍，并摆脱各种推托与借口，装扮好自己的外表，回想过去成功的经验等，都能提升你的自信心。持续这样做，有助于你冷静沉着地应对低潮。

五、不要再想了，立即采取行动，改变你能控制的事物。因为来到谷底，代表不可能更差了！也就是快要翻身了！相信自己，做点事情，我们就会拥有力量；总是等待，不做事情的人，就不会拥有力量！没有行动，一切枉然。在采取正确行动前，先全盘考虑所处的情境，多搜集信息，深入了解，并估算成功的机会，然后，谋定而后动。如果认为可行，就放手一

试！认为不可行，就找别的出路！

结论：**看开后，不行动还是于事无补。**

就算眼前不景气、遍地荆棘寸步难行，然而，只要我们能够用正确的心态面对它，就会了解它的来由。不景气只不过是颗绊倒我们的小石头而已，跌倒之后，依然能够站起来，拍落尘埃，勇往直前。

总之，工作出现低潮，何必自寻烦恼，凡事总要看得开些日子才好过。因为业务人生就是由无数烦恼穿成的念珠，达观的人是一面微笑，一面去细数它。

不过，看开后，如果不行动仍于事无补。坐下来，动动脑筋，虚心检讨自己的错误，从中找出原因，最好把目标摆在下一次的行动上。也许这段时期，正是对自己的核心能力及拜访活动做全盘检讨的最佳时机，下一次重新出发时能更有活力、更有技巧、更有要领地进行谈判活动！

能做到这样，再持续努力，就能全盘控制周遭业务世界，开创出伟大的业绩！

请你跟我这样做

1. 专注工作 30 分钟（或是一段你能忍受的时间）后，暂时抽离工作，到室外走 10 分钟，或去茶水间泡一杯咖啡。

2. 在无聊工作中，寻找有哪些小小的乐趣。

3. 出去走走，看看大千世界的山水云风。

第 **3** 章
赚钱高手的十个基本功

业务力二十一：九种特质

业务高手脱颖而出的九个条件

> 乔·吉拉德这样说：通往成功的电梯总是经常发生故障，想要成功，只能一步一步往上攀爬。

随着全球化和市场经济的持续发展，越来越需要优秀的销售人才；随着大学生就业形势的不断恶化，毕业生中有一大部分加入了销售人员的行列。但身处竞争激烈、颇具挑战性的销售行业，应该具备什么素质才能摆脱平庸、从同行中脱颖而出呢？

成为超级业务员的九种特质

多年的实战以及学习和咨询经历，让我知道如何做一个绩效长红的超级业务员。为了让更多加入销售行业的朋友能快速成长，我要公开成为超级业务员应具备的九种特质。

一、凡事注重细节的能力。关注每一个细节，客户对你的信任来自你每一个细小成功的积累。注重细节是建立公私关系以及赢得客户信赖的关键。

以前我在大药厂做业务的时候，曾经多次参与重大的药品招标。有一次，主办单位安排所有的招标公司住在同一家饭店。我登记入住之后，很快就和饭店的前台、商务中心以及餐厅人员建立起联系。

我通过关系向前台了解竞争对手外出以及会见客人的情况，借此了解对手和客户接触的情况。我总是能从商务中心那里听到和看到一点什么。我在餐厅请客户吃饭总是被安排在最后方的位置，别的公司请客结束之后，我去了解一下他们点了哪些菜以及客户饮食的习惯，下次请客户吃饭时，我就会点一两道对手没有点过的菜，并针对客户的个性、习惯，随机应变。所以说，细节是魔鬼。

二、速度决定输赢。凡事一定要走在别人前面。据了解，一家知名的国际公司要来台湾谈生意，有家代工厂的协理带着公司一群人，浩浩荡荡前往台湾桃园机场入境大厅去接机，到了机场，发现广达的董事长林百里早已带着一群人在入境大厅等候接机了。当时协理心想这张大订单肯定被广达拿走了，没多久，却看到鸿海集团董事长郭台铭陪着这家国际公司的高管走出来。原来郭台铭早就打听到客户在哪里转机，立刻搭机前

往客户转机的地方，和客户一起坐飞机飞回台湾。由这个小故事可以得知一件事，想要成功，行动永远要比别人快一步。懂得掌握先机，才能创造机会。

三、开放、勤奋和坚韧不拔。据调查，超级业务员的特征分别是开放、勤奋、细致、洞察力强、反应迅速、有悟性、将心比心、掌握语言的艺术、有高超的沟通技巧，等等。开放和勤奋分别位居前两名。因为积极和开放的心态，对于完成艰难的任务第一重要。勤奋则决定了坚韧不拔的执行力。

四、完全相信自己能成为拔尖的高手。你要相信你有能力成为最顶尖的高手，并将这种信心延伸至你的产品及公司。"相信自己是最好的""相信自己一定做得到"，这两件事是最难的。需要每天不断地自我鼓舞、自我激励及正面地自我对话。

五、突击真正的决策者的能力。一般来说，与你的产品和服务相关联的客户可以分为四层：使用该产品的技术人员；使用该产品的部门负责人；主管该部门的副总裁；该公司的总经理、执行长。每一层的分工都有区别，需要超级业务员一层一层去接触、去揣摩。你就好像工兵，职责是排开所有地雷，找到安全前进的路径。在这个过程中，你需要找到可靠的讯息并具有极佳的判断力。

六、积极而有效的沟通能力。超级业务员都是内在沟通与外在沟通的高手。他们具有传送产品价值的能力，还有说故事、传达正确消息的能力，而且沟通时不批评、不责备、不抱怨、不攻击、不说教。

七、建立社会关系的能力。我在建立社会关系的时候，会考虑两方面的因素：一是满足我的工作需要，二是为自己未来职业发展预做规划。我在安排自己的社交节目表时，出发点非常务实，因为我的时间成本高，不容许我浪费，绝大多数的社交活动都和业务关系密切。当然，关系网的建立不要太短视，要看长远，千万不能急功近利。因为社交关系要用心维系，你永远不知道哪一个关系将来能用得上。

八、传达你的热情给每一个人。目标是热情的源泉，是潜能的发源地，是成功的火种。只要热情四射面对客户，就不会有任何允许失败的借口，也绝不会中途放弃。只要有满满的自信心和热情，一定可以快速赢得订单、倍增业绩，把所有不可能都变成可能！

九、不忘天天学习。销售人员要更快地成长，就必须具备学习的能力。包括学习全球经济趋势，政府的政策走向，相关的商业法规，政府的宏观、微观经济政策，从战略方面武装自己，更要学习经营管理学、营销学、心理学、公关、网络营销等学问。

内向性格者一样可以成为超级业务员

许多客户喜欢和比较稳重的业务人员打交道，而不喜欢看起来精明干练的销售人员，这说明不同性格的销售人员都有成功的机会。我认为内向性格的人要成为超级业务员需要具备一定的条件，可以通过生活经历帮助他克服闭塞的缺点，可以从工作中得到机会，磨炼实战经验。

乔·吉拉德则认为成为超级业务员的方法很简单，只要照以下方法去做就可以成为超级业务员——永远相信自己办得到、不打折的诚实、提醒自己是第一名、让分分秒秒更有价值、活用"250连锁反应定律"（乔·吉拉德认为，每一位客户身后大约有250名亲朋好友。一旦赢得一位客户的好感，就意味着赢得了他身后250个人的好感。如果你得罪了一位客户，这表示你也得罪了他身后那250名客户）、利用恐惧加强动力、勇敢尝试值得冒的险。内向性格者一样可以采用他的这些方法。

结论：解读市场趋势和相关产品信息的能力非常重要。

如果你的销售和服务对象，大多是金字塔顶端的企业（key account）或富裕人士，你就必须花更多时间去搜集更多、更精准的市场与产品信息。因为你的行业趋势、市场行情、商品前景与外在政策的联动关系密切。而且市场瞬息万变，每天要帮客户去解读不同的市场信息，还要去找寻更新、更好的商品和服务，以满足客户的需求。

我认为，专业领域的业务人员，不仅个性要积极进取、抗压力、不怕挫折，而且，更要具备解读市场趋势和相关产品信息的能力。因此，搜集信息和研究分析的能力，对于业务拓展的帮助相当大。如果你是一个顶尖的研究人员，转到业务领域发展，而你本身的人格特质也符合业务需求的话，将会有惊天动地的威力。

销售成功的要诀就如同钥匙开锁的道理一样，如果你不能准确对号，一定无法打开成功之门。同时，所有的成功都是可以实现的，只要你敢于攀登你所选择的山峰，你就有机会征服它。

请你跟我这样做

1. 要善于制订详细、周密的工作计划，并且能在随后的工作中，忠实和不折不扣地予以执行。

2. 要成为客户的顾问，成为解决客户问题的能手，成为与客户发展关系的行家，力求敏锐地把握客户的真实需求。

3. 沟通时要全神贯注、有耐心且细致周到，反应迅速并善于倾听，要十分真诚地站在客户的立场上，根据客户的需求来解决他的问题。

业务力二十二：数位力

三步骤、十六点，
建立数位营销网

乔·吉拉德这样说：现在网络当道，你一定要善加利用社群媒体，打开另一条成功之路。

网络营销已经成为每一个企业争夺业绩的武器，唯有了解网络营销的手法，才能开发另一条路，才有机会赢得更多订单。数字科技发展神速，加上营销及媒体的变革，正快速推动企业从崭新的角度，观察企业与消费者接触及互动的新方法。两年前还能获得客户青睐的销售方法，今天却不见得有效，因此你必须建立和拥有自己的数位营销网。

第一步，拥有自己的网站

首先，你要建立一个自己的网站，并且要做到以下的要求。

一、取一个好记且包含关键词的 URL①。

二、清爽、简单易用的网站内容。

三、将你的 URL 放在各个可见的角落。

四、将网站尽量提交到搜索引擎、目录网站等。

五、利用外部资源，让使用者从你的网站内容中有所收获。

第二步，将你的销售内容推广出去

其次，你要进一步运用以下的新战略，将网站尽量推广出去，来争取客户的注意和订单。

一、运用搜寻关键词的广告。对于有广告预算的业者，你可以登载关键词广告提升网站在广告区的排名，微型企业可以选取一些偏门的关键词，能达到更好的效果。

二、提升 SEO② 关键词排名。这个方式，跟关键词广告最大的区别在于，关键词广告要花钱，SEO 关键词排名不用花钱。而且根据统计，利用 SEO 关键词排名的业者，排名在搜寻第一页，被点击的概率与关键词广告几乎相同，所以，对一般中小企业非常有帮助。当然，需要高深程序技巧以及网站架

---

①即网页地址。
②即搜索引擎优化。

设的能力，才能使 SEO 关键词排名达标。

　　三、发展博客营销。把自己定位为博客达人，最好每周撰写三篇文章，当然知名度的养成需要一定的时间。你也可以利用程序，将博客的人气炒到沸腾，成为每天的博客精选，迅速成为博客达人。另外，你也可以付钱给知名博客，请他们撰写推荐文章，推销你的产品。

　　四、利用影音营销。利用好玩的、现场指导或专业教学的影片，造成疯狂的点阅，这样的影片最有可能上新闻版面，受到消费者的注意和引起他们的兴趣。

　　五、利用数位技术，认真开发一套"网络版"的销售流程。科技让你不必再挨家挨户亲自拜访，坐在办公桌前就可以对客户进行多媒体宣传，这让你得以同时向多位潜在客户推销产品信息和谈判，省下不少时间和金钱。你还可以利用电子邮件开发客户、筛选客户、推销以及联系客户。电子邮件是和客户沟通最省钱的工具。

　　你可以请对方上网看你的动态，利用在线视频的方法介绍产品内容并解答。这会给潜在客户一个深刻的印象，如果你能事先针对他们可能关切的问题予以解答，效果就锦上添花了。最好多运用客户的"见证"，提及你以往解决问题的成功案例，可以大大增加说服力。

　　六、跨平台营销，以"人"来优化内容营销。传统大众

媒体营销，是对所有人讲同样的讯息，但在跨媒体时代则讲求个人化营销。因为每个人想法不同、产品寿命周期不同，所以必须传送不同的沟通信息。掌握人的差异，让你能优化内容营销，赢得关注。你可以利用下列机会收集客户数据，优化内容营销。

1. 在网站、App 安装访客追踪码。

2. 在网站、App 提供社群账号登录。

3. 线下搜集会员的手机号、电子邮箱、博客、社交软件账号。

4. 线下举办社群营销活动。

七、利用社群平台进行大量营销。如果你是 B2C 营销，可以学习戴尔计算机利用某社群平台的营销手法——运用折价活动、新品到货通知，将客户服务和产品绑在一起销售；发生问题时有专人直接回答，而且强调是"尊贵客户"，让用户感觉自己是 VIP（贵宾）。当他们"买到、赚到"之后，更是每天黏着你的社群账号不放，甚至呼朋引伴，买下更多的商品。

第三步，做好客户管理

当越来越多人接触到你的网站与销售的内容之后，你还要做好以下工作：

一、要做好客户目标的定位和筛选机制。你不现实一点，就会常常白忙一场，因此你要考虑每一个客户对你销售的产品或服务愿意付出多少忠诚度与金钱，并算一算利润。去芜存菁，才是从正确客户的身上赚钱的第一步。

你要懂得筛选出什么人是你的财神爷，去寻找对所获得的好处心存感激并愿意付钱购买这些好处的客户！对于不会持续购买你们公司的产品或服务的客户，就不必浪费过多的力气。

二、必须比对手更了解你的客户。知己知彼，才有赢面。你只了解自己的客户就能高枕无忧吗？如果不能比你的竞争对手更了解客户，怎能赢得客户的忠诚？

要更了解你的客户，可以双管齐下。你可以为客户提供为期一年的免费服务或其他赠品，以交换客户回答一些客户关系问题；也可以利用邮件或短信个别接触客户，扩大你接触客户的范围，并在网上建立据点，提供多面的客户服务内容。你越了解你的客户，就越容易以"友好的纠缠手段"抓住客户，让客户很难投身到竞争对手的阵营。

三、要吸引客户上网，就要懂得"许可式营销"。这样，公司取得的客户资料才会准确清楚，公司的营销讯息才会精准无误地传递给客户；才能减低营销成本；能让营销人员发展更

好、更适合的服务及产品；也能让正确的目标群使用创新的产品或服务；让企业能做出正确的改善；使用者也愿意帮忙进行口碑宣传。

四、"操控灵活"可使小型企业占尽竞争优势。在你使用的销售渠道上，无论是实体商店、网站或产品信息手册，应尽可能与产品内容或业务项目一致。如果你登录歌帝梵（Godiva）巧克力在 Godiva.com 上建立的网站，其中的内容会和实体商店的完全一致。同时，"互动风格服务"在实体商店或网络环境，也绝对不能疏忽，因为能取悦目标客户的互动风格服务，有助于企业发展并持续成长。

请你跟我这样做

1. 多多利用社群媒体，进行推广营销。

2. 可以利用社群媒体对会员或网站访客，进行三次营销，在官网中埋下追踪码，让网友在 Facebook 等社交媒体上看到你的广告，以"再营销"的方法增加曝光率。

业务力二十三："保证达成目标"的技术

把目标写在
梦想板上

乔·吉拉德这样说：我在一年卖了 500 台车之后，问自己有没有机会一年卖 600 台？卖超过 600 台之后，有没有机会一年卖 800 台？我在每一个阶段都设定非常明确的目标，并且去完成它。挑战不可能，这是每一个顶尖业务员都拥有的特质。

撒哈拉沙漠广阔无边绵延数万里，没有食物、水、草等。一眼望去，一面平坦，黄沙滚滚，遥望无际。过去几年，已有数千人，在穿越这一片大沙漠时迷途而丢掉生命。为了解决该地带缺乏明显路标的窘境，法国人利用 55 加仑的黑色油桶做标示，每一个桶距离五公里，正好是到地平线的距离，也就是穿越那片平坦荒地时，目视所及的地面极限。

一次一个油桶，穿越世上最大的沙漠

因此，旅人们一定都可以看到两个油桶，一个是刚刚才经过的油桶，另一个是前方五公里的油桶。这就够了！我们该做的就是朝着下一个油桶前进。借着"一次一个油桶"的方式，穿越世上最大的沙漠。

同样地，个人也可以约束自己一次采取一个步骤，完成生活中最大的工作。自己该做的，就是到达极目所能见到的目标。如此，你所看到的距离，便足以让你继续行得更远。

激情需要目标和行动策略的指引

不久前，某知名科技信息公司何总裁登门咨询。

客套寒暄一番后，何总裁直截了当地说："我们月计划上都有明确的目标，团队也都全力以赴，下定百分之百的决心，信心、雄心、拼搏都是成功达成目标的充分条件。照理说，我们再加上激情就可以成功达成目标啊！然而，天不遂人愿，目标达成率都不高，问题出在哪里呢？"

我说："只有高昂的激情是不够的，还需要系统的目标制定方法和有效的行动策略，才能让目标得以实现。"

"要有效的行动策略？"何总裁狐疑。

"因为，激情再强、再猛，没有可行的方法和完备的技巧，就只会走弯路，只会一个劲地蛮干。所以，技巧也是成功的必要条件。"

何总裁说："原来如此。激情固然重要，但没有正确的方法，就会出现眉毛胡子一把抓的情形，难怪有时会没效益，也不能达成目标。"

"是的！激情和技巧是乘法关系，两者皆需同等水平！"我说。

保证达成目标的方法

业务员的任务就是达成目标。但许多人忙着设定目标，却没学会达成目标的技术。以下是保证达成目标的技术。

一、将你的目标内容明确化。确认制定这个目标的意义是什么。

首先，问一问自己，为什么一定要制定这个目标？

日本销售女神柴田和子，连续 16 年蝉联日本保险营销冠军，她一年创下的业绩等于 800 位业务员的业绩总和。全世界保险从业人员称她为"偶像""异数"。她在公开场合中说：

"我之所以拥有如此傲人的成绩，主要是来自大量富有创意的行动力，而这些源源不绝的行动力，是源自我刚出道时拥有的一个明确目标！"

柴田和子解释道："这个明确的目标是什么呢？那就是，我刚出来做保险时家境非常差，我非常渴望拥有一栋自己的房子，因为父亲早逝，母亲含辛茹苦抚养我们长大，所以当时我就立下目标，希望受尽苦难的妈妈能和我一起住在自己拥有的房子里。有了这个明确的目标后，我全力以赴，一路不辞辛劳走来，终于屡破业界纪录，并实现我设定的人生目标。"

目标明确就是力量！请回答以下问题：

1. 请用一句话说清楚自己梦想的梗概。

2. 请把目标内容诉诸明确的文字，里面包括主要的特点或目标。

3. 你真的坚定信心会达成它吗？

如果你真的知道答案，那么你一定会更有信心达成，因为，最大的说服力来自你内在的自我肯定，当事实证明你一定可以的时候，你会用百分之两百的信心，加上百分之三百的努力去达成它。

二、写出需要完成的业务目标的项目内容。问一问自己，知道要完成哪一些项目和内容吗？

业务人员在设定目标时，要能掌握正确的方向，因此目标的设定要以下列项目为依据。

1. 业绩目标。达成公司最低业务量的要求。

2. 结构性目标。按照产品、地区或客户而制定的数字。

3. 市场开发目标。每天、每周或每月要开发的新客户、新地区、新市场的数字。

4. 收账目标。应收账款即应该收回的金额。

5. 满意度目标。提升客户满意度和降低抱怨的数字。

三、分割你的目标，逐步执行。问一问自己，会把目标分解，制定奖罚规则吗？

马克·吐温说："出人头地的第一步，就是把复杂、难以招架的苦差事，分割成一些可以应付的小部分，然后从第一件开始做起。"

《想成功，先吃了那只青蛙》一书中提到一个最佳例子。

强烈的成功欲望和"一定要"的决心的保鲜期很短，而且很容易被挫折、懒惰等客观因素所动摇。我观察，90%从事业务工作的人，通常是周一满怀信心，如果没有好的业绩表现，周三就慢慢地欲望不够强烈、决心也不是很足，结果周五就感觉力不从心，最后，这一周的目标当然未能实现。

如果要完成月目标，你不妨把月目标分解成四个周目标，然后制定一个奖罚规则——如果达成周目标，就给自己一个小小的奖励，比如请自己吃麦当劳套餐；但是如果达不成，就

当众做100下仰卧起坐。

这个方法十分有效，有人跟我说："我几乎每周都可以如期达成，即使没有在当周完成，我也会在接受仰卧起坐的处罚后，卧薪尝胆，把未完成的业绩累积到下一周达成，最终，我顺利地达成了整个月的目标。"

这方法非常管用，你可以把这种系统方法不断地运用到你需要达成的任何目标上。

四、培养克服现实问题的真功夫和本事。问一问自己，我能靠自己的资源和能力去扫除各种障碍吗？

通往目标的路上，总是会有一些障碍需要克服。完全一帆风顺的情形，是几乎不可能的。

1.先为自己的目标做些评估。不管要完成什么目标都需要资源，你手上掌握了哪些资源？你有什么资产？有谁可以协助你？

2.确认实现目标的障碍，并找出解决方案。你要确认实现目标的障碍是什么，是资金、专业知识、心态还是核心能力？然后找出哪一件事影响最大，依难度设定优先级。对于关键性障碍，则要找出五个解决方案，其他每一个障碍都要找出相应的解决方法。

3.要有弹性和权宜应变。超级业务员和平凡业务员之间的距离其实只有一点点——超级业务员可以无数次修改方法，但绝不轻易放弃目标；平凡业务员总是变更目标，就是不改方法。超级业务员习惯权宜应变，平凡业务员不肯权宜应变，死抱着计划不放。

所有的位置确定好，所有的行动检视好，所有的选项考虑好，所有的资源汇集好，所有非必要的事物摆脱好之后，依然有一件事不能免除，就是"保持弹性和权宜应变"。也就是说，仍要提防不肯权宜应变，死抱着计划不放的危险。

各种状况和问题总是会从四面八方而来，所以随时都要做好十足的准备。唯有"权宜应变和弹性十足"，才能克服障碍、难题，且不会因此意志消沉。完成目标不容易，报偿也往往来得迟。所以，永不气馁、永不停歇，为达成目标，要好好开始，也要好好结束。

用梦想板将目标可视化

国际知名谐星金·凯瑞（Jim Carrey）年轻时希望成为大明星赚大钱，于是拼命做各种工作，想打入洛杉矶电影圈，终于在 1986 年开始踏足影坛。

有一天，他坐在路旁俯视山下的城市，梦想着自己的未来，便拿出支票本给自己开了一张 1000 万美元的支票，兑现

时间是 1995 年感恩节那天，备注上加了一句"为了奖励你在表演艺术上的成就"。

从那天起，金·凯瑞一直把这张支票放在钱包里。后来，他踏实筑梦的乐观主义和坚忍不拔，终于得到了回报。1995 年，金·凯瑞的一系列电影《神探飞机头》《变相怪杰》《阿呆和阿瓜》，在票房上大获全胜，每一部戏的片酬都高达 2000 万美元。他终于美梦成真。

1994 年金·凯瑞的父亲去世，他在父亲的棺木上放了一张 1000 万美元的支票，以此向启蒙和培养自己明星之梦的父亲表示感谢。

要踏出成功第一步，金·凯瑞的做法值得学习、看齐，学习他将目标"可视化"的做法。我们可以把目标写在板子上，这板子叫"梦想板"。梦想板是对自我的正面暗示，正面暗示能使你充满自信。

每天起床时、临睡前，至少各看一次梦想板，随时提醒自己记住这些目标、这些美梦。如果你想要快速成功，最好每天看一百次以上。

增强完成既定目标的三个行动法则

说得好不如做得好，没有行动一切都是零。实现目标的关键就是你的行动，在行动中找方法，才会让你实现梦想。成功不是你知道了多少，而是你采取了什么行动。不管你设定了多少目标，请你一定要采取以下实践目标的行动，增强完成目标的能力。

一、要天天求进步，进行全方位的学习，与时俱进。想要快速达成目标，一定要进行全方位的学习，参加更多的培训课程、阅读更多有益的书刊，花费更多的收入不断地学习，来充实自我，建立百分之百的绝对优势。

二、找出值得效法的成功模范，向他们学习。从你周围或从名人档中找出三位在你的目标领域中有杰出成就的人，简单地写下他们成功的特质和事迹。在你做完这件事时，请你闭上眼睛想一想，仿佛他们每一个人都会提供给你一些达成目标的建议，如同他们与你密谈一样，记下他们建议的方法。

三、找出贵人来相助。确认对实现目标有帮助的人和团体，充分调动一切可以调动的力量和因素，来帮助自己实现目标。你一定要组织一个"智囊团"，借重他们的人脉、经验、学识、天分、影响力甚至财力，加快完成你的人生目标。

再提醒你一次：我们每一个人都有梦想，但却缺少为梦想

而行动的能力。唯有大量行动、正确行动、持续行动，你才能找到属于你自己的金银岛、幸福岛。

结语：找出达不成目标的"源头"，对症下药。

何总裁所谓的"天不遂人愿，销售目标不能达成"，可能是因为目标设定不科学、执行力不彻底、培训机制不周全、过程管理没追踪、薪酬设计不合理。当然也有其他因素，比如产品的淡旺季转换、实力强大的竞争者的冲击、市场形势的急剧变化、生产与物流部门协调合作不力等，都有可能使销售目标难以实现。

其实，不论是什么原因，只要你能够找出达不成目标的"源头"，科学分析，然后对症下药，还是能够"妙手回春"，进一步实现销售目标与战略规划双赢局面的。你同意吧？

请你跟我这样做

1.要增强达成目标的行动力，不妨设计将一些付出和努力分散到未来，将一些达成目标后的未来好处转移到现在。

2.没达成目标要处罚一下自己。这处罚可以是你自己立下的，处罚的轻重依自己内心的标准去衡量。

3.达成目标要有奖励，当完成设下的目标时，就给自己一点奖励，犒赏自己一下。

业务力二十四：企图心

买一张叫作"企图心"的单程车票

> 乔·吉拉德这样说：在销售方面要大获全胜，就要点燃你的企图心。

业务是唯一能打破死薪水限制、工作领域障碍和学历文凭窠臼，并快速累积财富、人脉和经验的工作，堪称最没门槛的"友善职缺"。只要业务做得好，可以让"素人名利双收、穷人咸鱼翻身、新手功力大增、老鸟高薪入袋"。

我做业务时，发现公司内的业务人员有"超级业务员"和"非超级业务员"之分，不理解的我，就问我部门的王经理："我们公司有 200 多位业务人员，前三名叫超级业务员，请问他们到底有什么过人的条件、素质和销售技巧，才让他们从崎岖不平的路上，攀上事业高峰？"

企图心是超级业务员应具备的第一条件

王经理说："要想成为超级业务员，缔造高额业绩，必须拥有强烈的'企图心'和'一定要'的决心。"他还跟我说了一个故事：

有个牧场主人要聘请一个年轻人做守卫，他对来应征的八个年轻人说："30米外有一个标靶，你们从这里将这颗高尔夫球击出，每个人有十次机会，谁击中的标靶次数最多，我就聘请谁。"结果这些年轻人击中目标都没超过五次。牧场主人说："你们明天早上九点再来，看看你们谁做得更好。"

第二天，只来了一个年轻人，并且他每次都能够击中目标。"你怎么做到的呢？"牧场主人惊讶地问。"我生长在单亲家庭，父亲不理我们，只靠妈妈帮佣为生。我们家里很穷，我非常渴望得到这份工作，帮我的母亲减轻经济压力，所以，我昨天在外面练习了八个小时，我告诉自己，无论如何，我一定要击中目标九次，结果我做到了！"

你认为你能，你就能，这就是"企图心"

"你认为你能，或者你认为你不能，你总会说对其中一

个！"汽车大王亨利·福特曾说。能与不能常存乎一心，这个心叫作"企图心"。它是一切成功的原始动力，有它你才会采取大量的行动，才会学习相关的专业知识与方法；没有它，有再多的专业知识技巧及再亮眼的外貌或高人一等的学历，成功都是天方夜谭！在业务人员的必要条件当中，企图心和毅力是成功的两大因素，前者为启动力，后者为续航力。

超级业务员同样面对不景气的市场，面对客户的刁难，以及竞争降价的威胁，然而走向胜利的路途却大不相同。有的人天赋异禀，凭着三寸不烂之舌掳获人心；有的人则是默默耕耘一步一个脚印。成功的超级业务员未必是同一种人，但是他们身上都拥有相同的企图心特质。

决定命运的是企图心，而不是环境

决定我们命运的是企图心和"一定要"的决心，而不是环境。有企图心，我们可明确一定的目标；有"一定要"的决心，则保证我们一定可以找到方法。改变的力量源自企图心和决心，有没有绩效则基于是否展现企图心的那一刻，绩效高低则取决于是否下定决心的那一刻。也就是说，只有当你决定"一定要"创造高绩效时，潜能才能被激发。

那时我才恍然大悟，原来环境好坏不重要，要想成为超级业务员缔造高额业绩，必须拥有强烈的企图心和"一定要"的决心。

超级业务员和平凡业务员完全不同

超级业务员和平凡业务员到底有什么不同？以下是我的观点。

一、超级业务员的企图心特别强烈，一定要名利双收。 平凡业务员认为他们只要不是最后几名，就平安无事了。成功的业务法则只有一条，那就是你自己的企图心与心态——你要不要成功。如果你的答案是肯定的，那你已经具备 80% 的成功条件了，其余的部分就是专业知识和执行力了。

企图心是引爆成功的导火线，是带来超级成就的动力。尽管你没有好的背景和天赋，但只要企图心强烈，就很容易崭露头角。

二、超级业务员是热情传播者。 平凡业务员做事总是三分钟热度，没有足够的热情。成功学大师拿破仑·希尔（Napoleon Hill）研究了世界顶尖成功人士的成功原因，最后归纳出 17 条成功定律，其中，热情排在最前面。

营销是信心的传递和情感的转移，客户会根据我们的状态是否热情，来判断产品是否真的对他有帮助。"任何一个大订单的成功，都是一次热情的胜利。"你也许对你的专业并不是特别熟悉，或许你的四周有好几位比你更强的对手，但你的热情会说服对方，你的情绪会感染对方。

去谈业务，就要让自己成为"热情传播者"，也就是一定要具备充分的热情，只要你拥有服务他人的热情，懂得善用资源，加上熟稔产品专业知识，业务就会有亮丽的成绩。

不论对产品、工作或者客户，拥有足够的热情是对业务员最严格的成就门槛。所以要成为超级业务员以前，可能要让自己先成为一个热情传播者。如果你有足够的热情，成功一定没问题。

三、超级业务员就算恐惧也会采取行动。平凡业务员却会让恐惧挡住他们行动。

做业务，战胜恐惧的第一方法就是展开行动。行动不会失去什么，相反，它会给你增加勇气、战斗力和胜利概率。在销售过程中，超级业务员总是大胆尝试和行动，才会战胜竞争对手和顽强的客户。

心理学研究表明：思想没有办法化解一种不好的情绪，但行动却可以。所以，不想让自己一无是处，就要克服销售恐惧症，强迫自己不断地采取行动。

四、超级业务员喜欢向客户请教学习。 平凡业务员认为他们已经知道一切。成功需要"五力"的支持，它们分别是学习力、抗压力、执行力、竞争力和坚持力，其中学习力排名第一。超级业务员深信客户永远是免费且最好的老师，平凡业务员则没有类似的想法和做法。

超级业务员认为，和客户交流沟通和谈判是最直接的学习渠道，在访谈中可以了解产业的未来、企业成功的因素，以及客户的工作流程、需求和未来方向；多请教他们的经营理念、策略和企业文化，从中吸收这些学校不会教的知识，自然有助于提升自己的智慧、谋略、核心能力和绩效。

五、超级业务员喜欢承受困境和挑战，平凡业务员很容易放弃再接再厉的机会。 正如马丁·路德（Martin Luther）所说："丈量生命的尺度，不在于拥有多少安逸的环境，而在于承受困境和挑战的能力。"

超级业务员遇到逆境的时候，不会停滞下来，并喜欢动脑筋，只要找到"对的时机、对的因缘、对的人"，就能够为自己创造机会。平凡业务员遇到无法解决的问题时，缺乏抗压力，很容易放弃，不想办法去突破、再尝试一次，所以成功率自然就低许多。

做业务有成有败，只要用心经营就可能反败为胜。遇到生命的转折点，认真去体会，就能静待下一阵风起，再度扬

帆出发。

结论：把成功的"天梯"搬到脚下。

有人问我为何会在演讲培训业成功？我斩钉截铁地回答说："因为我的身上有一股进取的力量，这股力量的来源就是我有一颗企图心和一定要成为一名演讲家的决心，其他如热情、行动力都是批注而已。"

我一直确信企图心是一个业务人员获取成功的第一因素，是促使人不停地提高自己的能力，是一个人不断成长、不断赢得新成绩的直接动力，能把成功的"天梯"搬到自己的脚下。

为了避免积极主动的企图心产生负面的效果，准确厘清企图心的定义就非常重要。在销售工作中所谓的企图心，是指你在乎这份工作并且能专注于工作，矢志完成既定目标，同时不怕失败，勇于扛起完全的责任。

从这样的定义可以知道，客户评断业务人员是否拥有企图心，是从"拜访前是否有充分准备""商谈中是否能言之有据、言之有物""是否愿意利用下班后的时间去为客户服务""是否愿意利用额外时间完成目标"等小细节来观察的，而不是非得要业务人员特别做些什么动作，才能表现出企图心。

没有企图心很难产生成功的动力，成功就少了支点、天梯。没有"一定要"的决心，一切都是镜花水月。你同意吗？

请你跟我这样做

1. 时时刻刻增强你的企图心。"山不在高，有仙则名；水不在深，有龙则灵；斯是陋室，惟吾德馨！"万般皆下品，唯有企图心高。只要有企图心，再多的困难，都能迎刃而解，再大的业务目标都能达成！

2. 如果缺乏强烈的企图心，肯定做不好事、赚不到钱，最好另谋其他较轻松的工作。

3. 你要马上对自己进行优势剖析，找出强项所在，并不断输入到潜意识中，增强你的企图心。

业务力二十五：情报力

知己知彼，
才能有效说服客户买单

> 乔·吉拉德这样说：如果我们想把东西卖给某人，就应该尽己所能去搜集有利于我们销售的所有情报。

无论你是销售房地产、保健品、保养品、办公设备、3C产品、零组件还是钻石珠宝，要创造更多的绩效，没有优异的"语言表达"绝对不行。一定要具备高深的业务知识能力，洞悉客户的需求以及各种动态的能力和组合、分析及判断的能力，才能做到知己知彼。有灵活应变的销售技巧，最后还要具备强烈的企图心、责任心、自信心、挑战心。

我认为，要成为一位超级业务员还必须具备以下的基本素质——要有充满活力、热忱、一流的服务精神，要有扎实的市场营销知识，要有主动出击、吃苦耐劳的精神，要有创新突破的精神，要有良好的对内、对外的人际关系，要有良好的沟通谈判能力，要有良好的心理承受能力（AQ）和坚定的自信心，还要有不轻易放弃、永不言败的精神。

业务人员希望成为业务高手或业务达人，除了要培养以上的素质之外，还要进一步和自己的产品谈一场轰轰烈烈的"恋爱"，懂得自己产品的优点和强项，知己知彼，才能有效说服客户理解你的产品，爱上你的产品，然后买下你的产品。因为，没有客户愿意和不懂产品将给客户带来什么好处的业务人员打交道。

知己知彼，百战不殆

业务人员在和客户沟通前，必须了解以下内容，才有办法"知己知彼，百战不殆"，赢得更多的订单。

首先，你必须熟悉自己公司的产品强项、业务知识、操作流程，才有对付客户所提问题的应变能力。其次，要了解公司的优势、劣势、价值、市场地位以及运作状况。然后，超级业务员要进一步了解竞争者的策略、产品内容、价格水平，并了解客户所需要的报价、交付期，等等。

为了打败你的竞争对手，你还需观察竞争对手和客户的关系如何，他们在一起共事多久，客户对你的竞争对手满意度如何。当然，对你的客户有一定的掌握度则更好。

知己，首先要了解自家的状况

对自家的状况和产品了解愈多，愈新颖，愈丰富，愈精确，完成交易的机会就愈大，愈顺利。

公司所提供的产品及服务的优势是什么？如何能获得竞争优势？可以从以下几点来思考：

一、我公司的核心业务是什么？

二、我公司的核心竞争力是什么？

三、我公司的组织核心是什么？

四、我公司的客户是谁？

五、我公司客户所需要的产品、服务是什么？

六、满足客户的方法是什么？

七、我公司主要的竞争对手有哪几家？

八、竞争对手的服务特色是什么？

九、我公司的主要策略、战术是什么？

十、客户的客户是谁？他们需要的服务是什么？这些服务对我公司需求的影响是什么？

知彼，就是了解竞争对手的状况

下列是你必须了解的竞争对手的重点情报：

一、竞争对手的产品（或服务）策略。产品的定位、产品开发的路线是什么？

二、竞争对手的生产（或服务）策略。竞争对手的生产方式是什么？生产弹性如何？自制还是外包？产品质量如何？交货日期、履行承诺以及服务等各方面的可靠度如何？

三、竞争对手的执行策略。竞争厂商的销售量、声望口碑如何？财务的健全程度如何？研究发展活动的比较地位如何？

四、竞争对手的营销策略。如何推销？竞争对手销售人力的素质如何？产品定价如何管理？供货速度如何？保证如何？配销通路如何配置？信用政策如何？促销手段如何？业务人员姓名、经历和优缺点是什么？

五、竞争对手的其他相关讯息。竞争对手的未来发展计划是什么？财务状况如何？有关规格、颜色以及其他特殊规格等竞争项目的应变能力如何？

知彼，也要了解客户的性格与心思

最后，你必须对客户的性格、心理和兴趣爱好了如指掌，具备分析各种客户的能力，能瞬间认清客户，才能知己知彼、灵活应对、百战百胜！客户可以大致分为以下四种类型：

一、好奇心强的客户。这类型的客户没有任何的购买障碍，他只想把产品的情报和信息带回去。只要时间允许，他都愿意听产品的介绍，那时他的态度就变得谦恭，并且会礼貌地提出一些恰当的问题。

【心理诊断】这类客户只要看上自己喜欢的商品，并被激起购买念头，他们可以马上购买。他们是一时冲动而购买的类型。

【应对方法】事前先想好一些创意性的产品解说和介绍，使客户听完后感觉很兴奋，但当下时机仍掌握在你手中，你一定要让这类客户觉得这是个"特别难得的机会"而欣然点头购买。

二、理智型的客户。这类客户的特征是稳、静、很少开口，总是以怀疑的眼光审视你的产品，以及显示出不耐烦的表情。也正因为他的沉稳，会导致销售人员很气馁和泄气。

【心理诊断】这类客户一般都会竖起双耳，仔细注意听销售人员的解说介绍，他同时也在分析、评价销售人员及产品。

这类客户中知识分子和发烧友较多，他们细心、安稳，发言很小心，属于理智型购买者。

【应对方法】在销售过程中应该有礼貌、诚实且客气，保守一点、低调一点，且不应有自卑感，确信自己对产品的了解程度，在现场销售中多强调产品的价值和实用性功能。

三、随声附和型的客户。这类型客户是无论销售员问什么，他都跟哑巴一样不发表意见，不论销售人员说什么都点头称是，或干脆一句话都不说。

【心理诊断】不论销售人员说什么，这类客户内心已经决定今天不买了，换言之，他只是为了了解产品的信息，想提早结束你对产品的介绍和讲解，所以随便点头、随声附和，让销售人员不再推销，但内心却害怕自己松懈，让销售人员乘虚而入，令其尴尬。

【应对方法】如果你想扭转乾坤，让这类型客户说"是"，可以开门见山问他："先生（女士），你为什么今天不买？"用直接式询问可趁客户疏忽大意的时候攻下，突如其来的询问会使客户失去辩解的余地，大多会说出真话，这样就可以因地制宜地围攻。

四、虚荣型的客户。这类客户期望别人说自己很有钱。

【心理诊断】这类客户可能经济状况一般，但表面上仍穿名牌甚至假名牌，他总是想要过豪华的生活，所以只要销售人

员进行合理的诱导，便有可能让他冲动性购买。

【应对方法】你可以附和他、关心他的生活状况，极力赞扬他，假装尊敬他，表示要向他多多学习。这样，他会为了顾及面子，咬牙买下你的产品，但是不会把真实的情绪显露在脸上，这类客户很容易"中圈套"。你可以介绍产品的时尚外观或某些特殊功能，越有卖点，越能给他带来虚荣心的满足。

结语：知己知彼，要用专业知识做后盾。

业务不是只靠两张嘴皮，要靠扎实的专业知识做后盾。掌握专业知识，保持与时俱进的积极学习态度，是成为超级业务员的基本功。如果配合强烈的信心以及对客户和竞争对手敏锐的观察判断能力，知己知彼，展现运筹帷幄能力以及团体合作精神，成功就有更大的机会了！

请你跟我这样做

1. 出发前，花一点时间了解客户和竞争者，做好准备，可以使我们在工作中占据主动地位，顺利地展开销售工作，收到事半功倍的效果。

2. 商业谈判要成功，首先要了解对方的谈判底线，判断双方是否有重叠的利益区间；也要了解在对方谈判底线背后的真正目的和利益所在。

3. 向客户推销前，只要了解竞争对手的策略、产品内容、价格水平，以及客户所需要的报价、交付期，就会有胜算。

業務力二十六：好口才

口才不是天赋，
要靠刻苦训练

乔·吉拉德这样说：培养口才与聆听能力同等重要，学会如何讲之前要先学会聆听。口才不是孤立的现象，不只是临场反应速度，还要能自圆其说、层层相连。

为什么销售同样的产品与服务，有些人总是独占鳌头，有些人却老是吊车尾？决定成败的因素有很多，积极心态重要，良好口碑重要，行动力重要，优质服务也很重要，但是能脱颖而出的高手，往往是说话持论公允，言之有物、言之有情、言之有文，懂得借由其出众的口才"不战而屈人之兵"的人。简单说，口才是赢得成功的另一因素。

口才是业务必修的重要科目。因为自我推销、介绍产品、商业谈判都需要口才，甚至连处理抱怨都需要口才，化解矛盾更需要口才。

提升口才的内涵和素质

"三寸不烂之舌，胜于百万之师"道出了口才的重要作用，但口才并不是一种天赋，它是靠刻苦训练得来的。世界上一切口若悬河、能言善辩的演讲家、雄辩家、企业家和业务高手，无一不是靠刻苦训练而左右逢源、无往不利，获得成功的。

业务碰壁是一张"拙嘴"说出来的，业务成功是一张"巧嘴"说出来的。发生在成功人物身上的奇迹，一半是由口才创造的。你可以通过以下方法，刻苦训练出巧嘴的内涵和素质。

如何成为口若悬河的人？有两条路：第一条路是自己埋头学习、练习，靠自己用数年的时间摸索出演说成功的方法；第二条路是向已经成功的人学习，复制他们已经验证成功的演说技巧和模式。但是，如果你用三个月的时间跟五位有10年成功演说经验的大师学习，三个月就拥有了50年的经验。你感觉哪个方法更好、更快呢？当然是跟具备成功演说经验的大师学习会更好、更快。

一、可以跟律师学口才。美国前总统林肯为了练口才，徒步30英里，到法院去听律师们的辩护，看他们如何论辩、如何做手势，他一边倾听，一边模仿他们的口吻。他去教堂看那些云游四方的福音传教士挥舞手臂、声震长空地布道，回来后马上依样画葫芦练习。林肯还曾对着树、树桩、成行的玉米练

习如何说话。

二、学习节目主持人的声音魅力。找出一个自己最佩服的广播或电视节目主持人，每天听他的节目，模仿他说话的声音语调、抑扬顿挫、用字遣词、结构逻辑。你也可以把节目录下来，利用等车和走路的时间，嘴巴跟着动，不断反复练习。

三、汇整出成功演说的技巧。每个人的特色和风格不同，多找机会去观摩成功的业务高手是怎么讲的，或是多听名人的演讲，好的学起来、坏的不要犯。加上自己的勤奋、思考和学习、练习，总结出演说的技巧和原则，很多东西自然就会内化变成你的内涵和素质。

提升口才能力的三个途径

"敢说话，能说话，少说话"，是训练好口才的三个基本环节，以下是我培养口语表达能力的经验：

一、平时艰苦训练。我是靠平时的艰苦训练，练就了非凡的口才。从 28 岁开始，在两年的时间里，我每天至少用十分钟来大声朗诵和讲话。当我口才能力还平平的时候，我跑到附近山上一处僻静的地方，在树枝上挂一面镜子，就这样对着镜子练演讲。我从镜子中观察自己的表情和动作，经过三个月刻苦训练，终于掌握了高超的演讲艺术和技巧，后来才有机会成为一名演说高手。

你可以对着镜子练习说话和大声朗诵，你也可以背诵大量的著名演讲词来提升你的口才。如果有时间的话，就到空旷的地方大声念出你事先准备好的演讲稿，想象正对面就是你的听众，当然，你若能把演讲稿全部记住，然后脱稿而讲那样最好了。

二、每天分享一篇文章、故事。我每天和至少三个人积极分享一篇文章、一则笑话或一个故事，以磨炼我的口语能力。我一起床，就从网络、杂志或报纸社论中，找出一篇好的文章、故事，想象自己就是那个声音优美、言之有物的主持人，对着镜子，试着把刚才阅读的重点用自己的话说出来。

然后，每天和至少三个人积极地进行经验分享、见解分享、信息分享，与同事一起吃午饭时，把今天阅读的文章、好故事分享出来，晚餐时和另一个朋友分享，回到家后再和家人分享。这样一个故事或是好的观念，在一天内就至少练习了三次。

三、积极把握公开说话的机会。关于口才的训练，再多的阅读、多听多记，也比不上不断地实战练习。因此我参加公司会议时，有机会就说出自己的看法，在课堂上有机会就主动分享自己的心得，每周一定去参加读书会，或去听别人演讲，并

在提问时大胆说出自己的问题。最有效的方法还是直接上演讲台，多讲几次，口才就更上一层楼，万事好办了！

以前没机会走上演讲台，于是我就毛遂自荐，就是脸皮厚一点，制作好履历表就主动打电话联系一些社团、学校与机关，表达我想去做一场简短演讲的意愿。不要以为这是缘木求鱼，当他们找不到理想的主讲人时，没鱼，虾也好，你获邀的概率就很大。

我一直深信，只要抓住机会上演讲台，借机进行自己的口才训练，早晚你一定能成为"舌灿莲花"和"滔滔不绝"的人。你认同吗？

避免自我设限的心态

有人问我："做业务，怎么样才能让客户给我们订单？"我直截了当地说："有三个方法：一是人家不敢做的，你先做；二是人家不敢秀的，你先秀；最重要的是，人家不敢开口的，你先开口。"

许多人说："我没料，我年轻，我不敢啊！"这些人犯了自我设限的毛病。要如何避免自我设限？我的看法是重建"无所畏惧"的心态。凡事不要预设立场，不要担心你缺少提供卓越服务的能力。"你唯一的限制，就是你自己在脑海中所设定的那个限制。"拿破仑·希尔如是说。

以我的实例来说，在我刚做业务的第二个月，我去某知名集团进行陌生客户开拓，当时我心里非常害怕。心想，这家集团名气这么大，办公大楼如此豪华气派，门卫管制非常严格，我只是一个菜鸟业务人员，人家会让我进去吗？在这同时，我忽然想到总经理曾经告诉我们："坐着没有机会，走着有一个机会，跑着有两个机会！"我退一万步想，去尝试一下，最差的结果只是回到原点，我又没有什么损失，我何不去试一下呢？

于是我突然变得信心十足，就像钢铁人一样，抬头挺胸走进了这家集团，原先我认为很难做到的事情，都做得游刃有余。30 分钟后，我拿下了一笔大订单，吹着口哨离开。

运用"相信法则"抛开负面的思考念头

我经常勉励销售人员，取得订单就和谈恋爱一样，要敢表白才有机会赢得美人归。同时，懂得发问的人比较容易取得话语主控权，可以更快了解对方所求所想，并做出相对回应。借此可以缩短彼此猜测与沟通的时间，只答不问的沟通方式是无

法激起对流的火花的。

看法决定一切，只要愿意改变看法，工作和绩效就会随之改变。

我认识一位年收入 500 万元的房仲业务达人，他一针见血地指出："一个业务人员成不成功，关键不在于他懂得多少技巧，而在于他是不是一个相当有自信心、欣赏自己、满意自己的人。"

他又说，纵然没有靓丽的外貌，只要知道如何运用"相信法则"，就可以让你抛开负面的思考念头，激发大胆、热情的潜力，展现开口请求生意的胆识和魄力。

排除自我设限的方法

做生意，要如何增加胆识？关键之一，是要保持时时刻刻开口请求的企图心。善于沟通者，有时候并不需要超级好的口才，而是需要先排除自我设限的毛病，追求好的结果，全力以赴！

每个人都有自我设限的时候，但是，你要赶紧去摧毁自己所设定的障碍。我建议你可以利用以下方法，循序渐进排除自我设限，增强你的胆识。

一、**首先要排除思想上的惰性和行动力的惰性。** 因为这样的惰性会让你放不开手脚去闯、去冒险，形成长期依赖，形成不敢尝试，形成恶性攀比，这会影响一个人的斗志和命运。

二、**你要有自己的目标和正确的定位。** 相信自己所从事的工作有益、神圣，并相信自己的能力可以完成目标。

三、**要不断提高自己的综合条件和素质。** 这样，才不会害怕，才能充满自信地去应对不同的客户与各种状况。

四、**让脸皮变得更厚一点。** 想达到目标就要脸皮厚，才敢及时开口要求。脸皮不厚一点就不好意思开口，这样，结局当然不会好。

结论：要把握良机。

沟通时要达到成交其实很简单，只要你让对方告诉你截止日期，就成功了一半。要明白，良机稍纵即逝，遇到谈判对象发出妥协信号时，你回答对方的提问后，若没有新的异议或其他竞争对手出现，二话不说，直接开口争取你想要的结果！

请你跟我这样做

1. 沟通是一种谋略、胆识、战术和技巧，和别人沟通的成功窍门就是"找机会开口请求"，千万不要害羞、胆怯，如果你害怕失败，那就趁早结束对话吧。

2. 说服别人之前，先说服自己有说服对方点头的能力。你可以先在心中认定双方沟通绝对会达成协议，认为对方会签约是理所当然的结果。

3. 交流沟通时，要表现出无所畏惧的样子，千万不要表现出生涩、胆怯、优柔寡断、唯唯诺诺，甚至怕被拒绝的样子。

业务力二十七：内容营销

掌握五个内容营销的要领，业绩倍增

> 乔·吉拉德这样说：做成一件事情只要有两个要素，一是成功的必胜信念；二是有正确的方法。你可以用内容营销让客户自己找上门！

现在人们在买东西前，都会先上网浏览相关评价，所以就算你花大钱，展开铺天盖地的广告，客户也像瞎子一样，根本看不到。在这网络社群时代，内容营销已经取代了广告。

内容营销之所以受欢迎，关键在于用经营媒体的观念来经营内容。媒体就是传统的报章杂志，或者是主流的新闻网站、博客，或者是在线视频。因此当你在规划内容营销时，内容必须对你的受众有用才行，并以此作为核心开展内容营销。

最近我的新书《思考致富 亚洲正能量》预售不到 15 天就狂卖 4000 本，传统出版社特别好奇，通过不同渠道问我："怎么销售出去的？"我说："没什么窍门，只是利用内容营销（Content Marketing）罢了！"

内容营销果然有效

同行朋友问我："内容营销竟然这么厉害，什么是内容营销？"我回答说："对买卖双方来说，现在都是信息泛滥的时代，唯一也是最容易的路就是设身处地，从客户角度思考，与客户建立对话。我不直接宣传产品，我通过传送免费的内容给潜在客户，以赢取他们注意，让他们愿意掏腰包购买。"

有一些一知半解的人，想要运用内容营销来提升业绩，可惜大部分的人都没有掌握到内容营销的要领，只能面对所反馈的负面数据结果频频摇头叹息。根据美国内容营销协会的调查显示，有90%的公司使用内容营销，但是只有45%的公司从中获利。

你也希望能有效地运用内容营销来提升业绩吗？请你看看以下五个重要的内容营销手法，你掌握了几个。

一、发文前思考一下，你想通过你的内容带来什么好处？是营业收入（Sales）、节省成本（Saving），或是取悦客户（Sunshine）？

在创造内容或是发布文章之前，你应该问问自己："这篇文章的目标是什么？"许多的营销盲点就是没有动动大脑就直接发文，不幸的结果就是，这样毫无头绪地发文的内容营销操作根本没有任何效果，就如同船没有舵一样，当然无法到达目的地。

想要运用内容营销来达成公司设定的目标，聪明的营销人员应该思考以下的关键点：

1. 营业收入（Sales）：什么样的内容可以带来营业收入？

2. 节省成本（Saving）：什么样的内容可以节省公司开销？

3. 取悦客户（Sunshine）：什么样的内容是客户喜欢的？什么样的内容让客户感到愉悦？

把握以上三点来制作内容才是关键，另外，请记得一并思考的是："为何你认为这个营销通路能够接触到你想要的目标客群？"如果你都无法说服自己，想必你还没有找到对的通路来接触目标客群。

二、建立你的内容营销的"使命宣言"（Mission Statement）。想要让你的内容营销投资值回票价，建立内容营销的"使命宣言"是非常重要的。你的"使命宣言"应该至少包括三个重点：

1. 观众：谁是你的核心客群？

2. 品牌的利基①：你的内容会带给他们什么？

---

① 指优势。

3.目标：你的观众想要的结果是什么？（不是"贵公司"想要的结果是什么）

有一个明确的使命宣言，有助于你的团队在创作内容时掌握具体方向，也能更了解不要创造什么样的内容。目前只有20%的企业采取这样的内容营销策略，这对许多公司来说，是杀出血路的新方法。

当你在建立你的使命宣言时，千万不要弄得繁杂，让人眼花缭乱。现在的网络信息量庞大，免费的信息唾手可得，唯有精准的内容、能具体呈现价值的信息，才能吸引用户造访你的网站。过于普通或是一般的信息，都是没有吸引力的。因此尽可能聚焦和集中方向，通过不断为消费者提供最佳的解决方案，让你的品牌占有一席之地、找到利基点。

最佳的例子就是宝洁的"简洁之家"（Home Made Simple）博客，它们的使命宣言是：让每个女人都能有更多的时间和家人相处。通过明确地锁定核心的客群（女人）、利基（为家庭生活提供有益的信息）和目标（让核心客群有更多的时间和家人相处），持续地为消费者提供优质的内容，创造大量流量之外，也深深赢得了消费者的芳心。

三、将钱投资在你的官网或博客上。专家提醒我们：千万不要在租来的土地上建立你的内容营销阵地，你最好把钱投资在你的官网或博客上。

社群媒体的通路、产业相关的主要网站和其他的外部网络，都是推广品牌内容很好的渠道，但你仍应该将主要的投资投注在你能够自己拥有和控制的平台上，例如官网或是博客。

自从 Facebook 改变其"新闻供应"（Newsfeed）的方式，企业在粉丝页面的曝光度大幅降低，许多企业都得到了惨痛的教训。因此体悟出，即便是受惠于社群网络的力量，仍然要尽可能确保你对品牌的内容营销平台拥有主导权，最终要能引导消费者到自有平台才是长久之计。自有的官网或博客，能运用内容建立与消费者的联结，提高转换率和建立品牌信誉。

四、运用有影响力的意见领袖吸引更多观众。 服务过戴尔、领英等多家知名企业的拓润（TopRank）数字营销公司，不断地倡导和分享内容营销的趋势和影响，它也和美国内容营销协会的创办人乔（Joe）合作。和意见领袖合作，是相当有效的内容营销方式，因为它能够触及新的读者群，在你本来的订阅读者之外，扩大读者数量。此外，让你的内容和产业界专家学者产生联结，运用这些意见领袖来吸引更多的粉丝，帮助你提高品牌的公信力和权威性。

五、建立读者 VS 购买读者模式。 从头开始一步步慢慢培养读者，十分耗时且费力。你可以向其他已拥有广大观众的公司购买读者，以加速建构社群的脚步，并使你的内容快速在更多读者面前曝光。例如在线相机零售商阿多拉玛

（Adorama）购买濒临破产的 JPG 媒体公司，便是以合理的价钱迅速增加了读者量。

你还在为内容营销没有效果而伤脑筋吗？也许该好好检视一下社群媒体的操作方向和手段，才能事半功倍地发挥内容营销的影响力。

请你跟我这样做

1. 确认什么才是客户认为重要的内容？什么内容是客户真正关心的？该怎么做？有什么效果？花费多少？如何运用？成功的关键是什么？

2. 花钱做广告，要多管齐下，在传统广告之外，要多方应用内容平台。多角度化经营，触及更多潜在购买者。

3. 抛弃以"波段式"操作的思维来操作"内容营销"，必须长期操作才能建立一致的目标。

业务力二十八：自我推销

先把自己销售出去，
再销售你的产品

乔·吉拉德这样说：推销人员在推销出产品之前，首先要推销的是自己！

在当今图书出版业内，如果有谁再怀疑营销宣传的价值，那么可以判定他肯定缺乏基本的工作素质。但是，具有"内容好，卖得自然好；内容乏善可陈，再营销宣传也枉然"观念的人，仍然不可胜数。

我发现，一本书卖得好，一定要天天监控销售量和把握营销宣传的时间点，营销宣传的作用才能发挥效益。但受到宣传平台、销售重点、时机等多方面因素的影响，作者要出版的书籍"被营销宣传"的概率，依然很小。

营销力度的大小与成功欲望的强弱成正比

在这种左右为难的情况下，身为企划编辑和作者的我们该怎么办？答案只有一个——自我推销。以我自己操作出版的《这招够厉害 出手就成交》这本书为例，因为宣传预算有限，这本书的营销宣传力度并不大。在这种情况下，本着对这本书质量的自信，我进行了长期的"自我营销"。

方法是这样的：我在 Facebook、微博、Twitter、LINE 和我的官网（www.bosslin.com）上进行了长达三个月的宣传。通过接受朋友的批评、指正，我和读者进行了无缝对接，因此，在书出版前，就收到了 3000 本以上的订单，成绩斐然。

在这本书已经有了不错的销售基础上，我继续在线下开展各种自我营销活动，例如在报纸、平面媒体、企业讲座、社团讲座等进行宣传。以前虽然明白营销是营销、宣传是宣传，但没有深刻体会，这次操刀，便对此有了更深刻的体会。

有一位出版社的企划编辑跟我说："如果没有宣传实践，你写企划也是纸上谈兵，复制别人的营销企划方案，效果真的非常差。因为它们并没有深入人们的灵魂深处。"

当然，自我营销需要时间成本、机会成本、普通意义上的物质成本，等等。然而，企划编辑是需要成绩来显示自身价值的。在这一论断面前，许多成本也是企划编辑可以暂时承受的。当然，这要看企划编辑自身的成功欲望。

每个人都有限制性，时间有限，精力有限，物质财力也有限，因此，不可能他企划的所有新书都要进行宣传，不然，眉毛胡子一把抓，最后什么也得不到。

你要进行自我营销，必须注意两个重点。首先，它是否切合人的心灵层次（理性的利益、好处，感性的爱情、友情、亲情）；其次，它是否符合目前的氛围（比如商业书籍卖得好，某种程度切合了百姓对当前经济失望的情绪，以及总经理、业务人员追求赚钱的心理）。

推销产品前，先把自己推销出去

同样地，要成功谈成一笔生意，人脉、经验、商品力[①]和学历绝对是很重要的。但是你也必须知道如何"营销自己"。虽然销售的理论各据山头，但99%的专家异口同声说："推销产品之前，一定要把自己推销出去。"

很多时候，产品并不显得很重要，销售人员才是至关重要的！因为人们往往首先接受销售人员，然后才会接受产品。这

---

①即商品的市场竞争力。

也是超级业务员的经验。因此，推销自己就变成是销售的第一步骤！

如何进行自我推销？我建议你，进行自我推销前，你可以先问问自己以下四个问题，这会让你朝正确的方向思考，看看要如何把自己推销给别人。

一、在你的业务工作中，你做过哪三件事让你感到骄傲无比？

二、过去你曾经做过哪些足以显现才华的项目？

三、你自认为最出众的强项是什么？你要如何继续精进你的专业技能？

四、你在职场上及职场外，获得过哪些奖项？

自我营销非常有用

推销自己又称"自我营销"，它是通过自身的努力，使自己被别人肯定、尊重、信任、接受的过程。人们有"晕轮效应"和"亡斧疑邻效应"的心理，总会带着主观印象去观察、了解、分析一个人，很容易产生认知的偏差。这种先入为主的印象，在推销过程中表现得更为强烈，这印象会直接影响你整个推销的过程。

在推销过程中，先入之见主要表现在三个方面：一是对推销人员的先入之见；二是对产品的先入之见；三是对推销的先入之见。这需要你做好全面的专业知识、服装、社会礼仪、资料、工具的准备，以消除对方对你不利的先入之见。

你可以用以下两招，让你的成果受到更多人关注：

一、制作一张光荣年代的总清单。你很难记住自己取得的每一项成就，尤其是随着时间的推移，你会有更多值得记录的成就。因此，专家建议，在自己电脑里建立一张成就清单，不断新增累积的成就，需要时，你就可以轻松想起自己的成就与故事。

比方说，假设你要开车带客户去参观工厂，你希望告诉他哪些关于你的信息？有没有什么话题可以让你自然带出一场让你站在聚光灯下的对话？如果你要出席一场大型销售研讨会，会中将谈到"卓越服务的应用"，你能不能拿出一些实例说明你如何成功使用"卓越服务"，建立起你的"客户俱乐部"？

或许在参观工厂后，这位客户就会下订单，还主动要求买你的东西，并加入你的"客户俱乐部"。谁知道呢？

二、说一个动人心扉的故事。从 3 岁到 80 岁，大家都爱听故事，尤其是好听的故事。想一想，要如何把你想要被认同的经历编入故事当中。比方说，当我完成企管博士学位时，我辞掉经理的工作，独自一人到南非当义工半年，在南非那半

年，我碰到一些常人碰不到的奇闻妙事。隔年我获得企业最杰出经理人大奖。

在这里，我运用了我特有的魅力式推销技巧，不温不火地告诉朋友和客户我人生中的三件大事。现在，你知道我拥有一个企管博士学位、我曾经到南非经历过不同的文化，还有，我是一个勇于承担风险的人。但是，我的呈现方式非常有趣，远远超过我只是说出三项不错成就的做法。

结论：轻松自我营销六部曲。

一、自我营销的第一步——给自己一个响亮的口号，见面时，做出令人印象深刻的自我介绍。

二、适当使用正确的身体语言。

三、事前了解对方（公司）的性格、喜好、预算、员工和文化。

四、穿着正式服装，树立一个成功的形象。

五、让对方有商业合作伙伴的感觉，像是你的朋友。

六、多谈及对方，谈有关对方的价值主张，以及你能协助改善的方法。

最关键的还是你为自我营销所做的准备——你的专业知识和你的自信及勇气！

请你跟我这样做

1.销售长红的产品绝对是质量好、口碑佳的产品。打造个人品牌也是同样的道理，品牌的基础绝对是实力、专业能力和质量。

2.和客户沟通时要记得：说一个动人心扉的故事。

3.介绍自己时，说一说你做过的哪三件事让你感到骄傲无比。

业务力二十九：战斗力

找出第一名的对手，
挑战他

> 乔·吉拉德这样说：为什么迄今我是荣登汽车名人榜的销售人员？因为我从不认命，自强不息。我不断创新、突破困境，我用坚韧不拔的精神超越了一切，创造了这个不凡的传奇！

世界上最伟大的销售人员乔·吉拉德来台湾演讲，主办单位安排我和他在台北市君悦饭店共餐，并大力介绍我是亚洲营销第一名师，有 30 年 8000 场以上的演讲经验，培训出 10000位以上的中小企业老板、数百位保险经理和多位直销高阶领袖，影响力遍及全球华人圈。

就是要证明给你看

乔·吉拉德问了一些台湾营销圈的问题之后，我拿出他的原版书请他签名，趁机请教他："可以分享你迈出成功第一步的秘密吗？"将近 70 岁的他中气十足地说："那一个秘密就是：'不认命、不服输，做给看不起的人看看！'任何人都可以成为超级业务员并拥有美好的未来。我就是这样走过来的！"

乔·吉拉德继续说："在我人生的前 35 个年头，我自认是全世界最糟糕的失败者！我换过 40 份工作，一事无成，没有固定收入，常常有一餐没一餐。我父亲非常痛恨我不负责任的言行，常常对我说：'乔，瞧你那样子，将来绝不会有什么出息。'"

不认命、不服气的乔·吉拉德为了证明自己，坚定着"做给他看看"的信念，靠着一部电话、一支笔和顺手撕下的四页电话簿，全力以赴去做，没多久就成为公司内的超级业务员。

当乔·吉拉德终于成为世界第一的推销人员时，他突然觉得自己多年来哪里是在向客户销售，简直就是在对着想象中的父亲"费尽心血"地推销着每一辆汽车。

乔·吉拉德打破吉尼斯世界纪录的成功秘密

"我在走投无路之际，央求一个汽车经销商朋友给我一个

机会，我在工作第一天就卖出我人生的第一辆汽车，这成为我从人生谷底翻升、迈上巅峰的转折点。关键就在于当时走投无路，没有地方可去了，不认命，只好向上！"

"我之所以会想尽办法卖车，都是为了'钱、钱、钱'，生活的逆境反而激发出我不认命的不服输精神和热情，以及不想让自己和妻子、儿子抬不起头的斗魂。"

他向最优秀的汽车推销人员学习和挑战。他还经常从公司的业务通信和一些商业杂志上，搜集那些优秀的汽车推销人员的照片，尤其是那些打破销售纪录的人。他把这些照片钉在自己办公室的墙上，每日激励自己超越他们的纪录。

没多久，他果然逐渐超越了那些非常出色的推销人员。首先是在自己工作的汽车行，接着是所在城市，然后是整个地区，最后是全美乃至全世界。

没有人知道，他如此成功的秘诀，是他始终在向自己想象中的竞争对手推销汽车。

乔·吉拉德还说："我每天早晨起来，第一个要问自己的问题就是：'世界第一名都在想什么、做什么，我要怎样学习并超过他们？'"进步的动力来自竞争，因为在竞争的过程中，要求自己比对手更快、更强和更好，无形中让自己有了更快的进步。

所以，设定竞争对手不是为了超越他，而是以他为标准，发誓要与对手争个高低，心中存着"总有一天我要破你的纪录"的信念。这就是乔·吉拉德花了十年时间，超越了世界上最厉害的竞争对手，打破吉尼斯世界纪录的成功秘密。

找出一个第一名的对手

世界上有很多网球、高尔夫球运动员，当他们奋斗了好几年，获得了世界冠军之后，没多久就突然消失了。因为他们失去了竞争的对手，没有再战下去的斗志了。因此，不论我们处在哪一个山峰，一定要找出一个第一名的竞争对手，然后在向他学习的过程中设法赶上他——这是一种良性的竞争，会帮助你突飞猛进。

所以，你的目标就是不要认命、不要自我设限，要打败不景气，超越强有力的竞争对手，让自己成为行业的超级业务员，成为世界第一名，扬名全世界。

结语：不认命就会拼命，不拼命就不会长命。

业务人员就是业务人员，你的职称是副总裁、业务经理或项目经理并不重要，不论名片印上什么头衔，也是跟业务人员一样要提着笔记本电脑、带着平板，到处做演讲。初见面还可唬人，如果没有真材实料，时日一久，一样被人看破底细！

做业务，其实没有什么好回避的。不认命就会拼命，不拼命就不会长命！所以"业务人员"才是你真正的名字与招牌，其他的只是绰号而已，不必太当真！如果没有硬本事、真功夫，名片印"董事长"也不会太长命。想要有硬本事、真功夫，就必须具备一定的专业知识和核心能力才行。

请你跟我这样做

1. 面对当前环境中的问题和困难，认命不认输，关键在于确定什么事应该顺势而行，什么事要逆来顺受。

2. 认命不认输，虽然从表面上看是认命了，但实际上是保护了自己的上进心，展现永不认输的精神。

3. "业务人员"名片上的抬头，不必太当真！要有硬本事、真功夫，才有机会成为超级业务员。

业务力三十：刻意练习

光是累积经验不够，
成功需要练习

乔·吉拉德这样说：如果你想提升销售业绩，你可通过模仿、通过刻意练习，快速得到想要的结果。

最近，某知名空运公司林总经理问我："'顾问式销售'有事半功倍的效果，要如何才能运用自如？"我回答："一个人只要'刻意练习'1000 个小时，就有机会成为业务高手。如果未经刻意练习，或刻意练习的时间不足，即使累积十年经验也无法体会其中的奥秘！"

林总经理接着问："练习不就是去做吗？'刻意练习'究竟是什么概念？请指导一下，谢谢！"

刻意练习，十年磨一剑

如果你不是天才，只要"刻意练习"（Deliberate Practice），

你也可以很快成为业务高手。据了解，莫扎特5岁作曲，8岁公开演奏钢琴和小提琴，但他的成名曲是在21岁时完成的，如果按从3岁开始就接受密集的作曲和演奏训练，莫扎特已经历了18年极度严格的专业训练了。

据报道，美国著名高尔夫球手泰格·伍兹的父亲在泰格7个月大时，就给他一支铁杆和推杆，并让他坐在车库里的高脚椅上，看自己把球打进网内，一看就是好几个小时。在泰格2岁时，父亲就带他定期上高尔夫球场打球、练习，4岁后就接受专业教练调教。所以，当泰格在19岁那年成为沃克杯（Walker Cup）美国队队员时，他已苦练长达17年了。

莫扎特和泰格·伍兹有一个共通点，就是都有一个能干且专业的父亲，且一心要把儿子训练成顶尖人才。莫扎特的父亲是知名作曲家和演奏家，也是个专制的父亲。泰格·伍兹的父亲44岁从军中退休后，成为高尔夫球好手，把训练泰格当成他的新舞台。

可见，要成为国际级的顶尖人才，需要从小就"刻意练习"，不仅是长时间的苦练，而且要有好的教练或良师指导。通常至少要下十年的功夫，才能有出众的表现，这就是"十年磨一剑"。

更重要的是，终其一生，每天都要"刻意练习"，才能维持顶尖的功力，成为第一的销售高手也是如此。乔·吉拉德花了两年的时间"刻意练习"，最终成为全球第一的业务人员。

刻意练习要有成就动机才行

只是刻意练习很苦又很累，没有强烈的热情或动机无法维持。这强烈的动机，一个是来自外在名利诱惑，另一个则出于内在的驱动，进入工作的一种神迷（flow）。

神迷是一种状态："当人完全沉浸在一项工作时，时间会变慢，喜乐会增强，于是这项工作做来几乎不费吹灰之力。当挑战难度与个人技能相当时，就能进入这种'高亢状态'。"其实，当我们做自己喜欢又能胜任的工作时，多少有这种进入神迷的经验，埋头专心于工作，一抬头才发现已经花了这么多时间了。

在业务世界里面，名利动机或进入工作的神迷是如何发展而成的？标准答案是："由优势引爆的乘数效果。"也就是，在某方面的一个极小优势（如热情服务每一个人），能引爆一连串更大的优势事件。

例如，有个年轻朋友爱和陌生人说话，口才表达力和反应力都略优于其他人，使得他拜访、沟通效果比别人好，获得成就感。他因而更加积极练习，不断和客户接触，并寻求专业

的指导，于是表现更好，受到认可和赞扬。他可能因此融入一个内涵日益丰富的环境，磨炼出更好的销售技巧。这种良性循环，使得早期看似薄弱的因素，随着时间不断扩大。

由此引申，在竞争较小的地方开始学习技能，比较能赢得注意力和赞美，启动乘数效应，驱动"刻意练习"，持续追求最高境界。这样的说法，和我一向认为的在贫困地区长大的人比较认真，比较能鹤立鸡群、培养自信的看法不谋而合。

成就极限来自坚定的信念和练习的方法

研究证明：世界知名高尔夫球手"白老虎"李·维斯特伍德（Lee Westwood）、马丁·凯默尔（Martin Kaymer），著名网球运动员纳达尔（Rafael Nadal）、德约科维奇（Novak Djokovic）、费德勒（Roger Federer），还有股神巴菲特（Warren Buffett），甚至大提琴手马友友，这些天才和我们的不一样之处，在于他们长期、有方向地进行刻意练习，并对练习结果进行分析，从失败中吸取教训。以科学的方法进行苦练，自我琢磨，才有可能崭露头角，让所有人刮目相看。

虽然刻意练习的例子随处可见，但并不能完全解释它是获取成功的唯一元素。因为现实世界非常复杂，因为我们都受到时运和机遇的影响。尽管很多道理都说明，越勤奋刻苦的人越幸运，但事实上，当你走在一栋正在整修的大楼旁，脚手架突然塌了，你只能认命了。

刻意练习，成为业务专家八部曲

无数经验证明，只有通过刻意练习才能使自己成为业务专家。究竟什么是刻意练习呢？主要有三点：主观上有吃苦、全力以赴的意识；客观上有持续改进表现的努力行为；重复进行成为某一领域专家所必需的学习和苦练。

为什么乔布斯每次上台展示新产品总是从容不迫，绝不输给演讲大师？据了解，乔布斯每次上台演说之前，都要花两三个礼拜准备演示、讲稿、灯光及舞台，一次又一次演练直到完美为止。乔布斯的舞台魅力不是天生的，是花了太多的苦功演练出来的。"台上一分钟，台下十年功"都是刻意练习出来的。

一个人如何通过刻意练习，使自己成为业务高手呢？以下的步骤值得参考：

一、明确你奋斗的目标。卓越之路要历经多年的严苛考验，如果没有全心全力投入，谁都不可能达成。你必须知道你

想要做什么，而不是觉得、倾向或考虑要做什么，因此你必须确定你希望发展的专长领域，明确自己的发展方向，树立一个持续努力的长远目标，并要明白完成奋斗目标需要的"经历组合"——就是为了一个伟大的奋斗目标，应该刻意学习各种专业的技能，以满足当前及未来的水平和要求。

二、多元化阅读有用信息。 要有意识地阅读商业书籍与报刊，筛选有针对性的信息。要积极寻求反馈与点评，加强自我监控与考核，利用外部的因素来对自己的努力成果进行检验。

三、大量重复的训练。 从不会到会，秘诀就在"简单的事情重复做"，因为"重复为学习之母"。学习商业决策的最好办法，不是观察老板每周做三次重大决策，而是自己每天做十次模拟决策。

四、向成功者借鉴学习和复制。 经由学习成功者的心态、谋略和差异化战略、成本战略、创新等商业规律，通过可以实时反馈又无风险的模仿和演练，充分利用当今社会的有利条件，模仿事情的起点、过程和结果，明确自己的发展方向。

五、向前学习更难的动作和技巧。 科学家研究花样滑冰运动员的训练，发现在同样的练习时间内，业余的运动员喜欢练习自己早已掌握的动作，而顶尖运动员则更多地练习各种高难度的跳跃和旋转动作等。

一般爱好者打高尔夫球纯粹是为了娱乐，享受打球的过程，而专业运动员为了获得进步，集中练习在各种极端不舒服的位置打不好打的球。

真正的练习不是为了完成运动量，刻意练习的精髓是要持续地做自己做不好的事。

六、需要一些优秀的教练和顾问。心理学家把人的知识和技能分为层层嵌套的三个圆形区域。最内一层是"舒适区"，是我们已经熟练掌握的各种技能，一般人都以舒适为标准，进步到一小点程度就停止了，因为只是纯粹好玩，所以不会更进步了；最外一层是"恐慌区"，是我们暂时无法学会的技能；二者中间则是"学习区"，这是进步最大的领域，在学习区里面练习、克服困难，就会往更高的程度迈进。不断挑战就会不断进步！

但是我们在学习区内进行练习，必须有一个好的老师或者教练，从旁观者的角度，更能发现需要改进的地方。我们也需要多请教身边的老师和教练，以弥补自己的不足。

七、有人监控才会更进一步。学习的成效是需要被认真监控的，你可以请身边的领导、益友、长辈甚至是同事，来监控自己的练习，请他们提出宝贵的意见，才能提高练习的效率。持续地监控、指正、扶助，需要坚持不懈地努力，才能产生成效。

八、投资许多时间和热情。设定个人长期投资的计划，因为成为专家至少需要五年的刻意练习，经由热情做你喜欢做的事情，只有热情才会产生强大的意志力、动力，驱使自己去完成枯燥乏味的练习过程。

据了解，中国大陆奥运游泳选手每天至少要在水里训练八小时，为何要至少八小时？听说以前成功的游泳前辈都是这样训练的，后面新选手照样训练，成果也会非常接近。所以很多人是用全部生命、拼尽全力做一件事情！

如果我们在行业中是二流、三流等级，就更应该尽全力刻意练习，才有机会成为一流。

最重要的事情是，长期苦练只是开始，要持续刻意练习，必须有打不死的追求进步的心态。

所以，厉害的人都在不为人知的地方下苦功，只是我们不知道而已！

结论：坚持不懈努力，必有收获。

每个人都有自己的优劣势，唯有勇敢面对自己的劣势，通过刻意练习来克服缺陷和弱点，发挥出自己的优势，才能成长进步。

刻意练习是为提高绩效而特意设计的行为，一个人只要有明确的目标，不断刻意练习，最终都会变成专家和达人。

请你跟我这样做

1. 刻意练习时，精神要高度集中。

2. 刻意练习量要大，要重复训练，不怕苦，还要耐得住寂寞。

3. 每次练习的时间最多一到一个半小时，每天最多四到五次。